Über den Autor

Herbert Schmatzberger, geboren am 29. Dezember 1938 in Wien, studierte Theologie in Salzburg und war von 1964 bis 1969 als Kaplan tätig. Als Vertreter der fortschrittlichen Priestergruppen Österreichs engagierte er sich in der Südamerika-Problematik (Dom Helder Câmara), war Delegierter bei Versammlungen in Rom und Amsterdam, unternahm in dieser Zeit auch Studienreisen in die Sowjetunion, die DDR und nach Ungarn. Neben seiner politischen Tätigkeit beschäftigte er sich mit der Psychoanalyse, insbesondere der Traumanalyse nach Jung und der Bioenergetik nach Reich und Lowen, sowie zunächst mit klassischer Astrologie, später mit ihren Möglichkeiten der humanistischen und transpersonalen Deutung. Seit 1969 ist Schmatzberger Pfarrer von Großgmain bei Salzburg. Sein Ziel ist, Theologie, Humanistische Psychologie und Astrologie wieder zu vereinen. Er arbeitet an einer Arbeit über »PEGIOS – Die philosophischen Grundlagen der Astrologie zur Zeit des Paracelsus«. Seit 1976 ist Herbert Schmatzberger außerdem Rundfunkprediger.

Herbert Schmatzberger

ASZENDENT – das aufsteigende Zeichen

Einfache Berechnungen
und praktische Deutungen

rororo

Rowohlt

Veröffentlicht im Rowohlt Taschenbuch Verlag GmbH,
Reinbek bei Hamburg, Januar 1986

Umschlagentwurf Peter Keller
Gesamtherstellung Clausen & Bosse, Leck
Printed in Germany
780-ISBN 3 499 15675 X

INHALT

Vorwort

Die Grade

Anhang

Für Veronika

DIE SEELE DENKT IN BILDERN

Die Frage nach der Zukunft hat die Menschen immer schon bewegt. Immer haben sie mit den unterschiedlichsten Mitteln Zugänge zu dem gesucht, was morgen sein wird.

In unserer Zeit ist das Bedürfnis nach Wissen von dem, was noch nicht ist, drängender, ja zur Voraussetzung geworden, um Zukunft überhaupt erleben zu können. Die Bedrohung des Friedens und die Zerstörung unserer natürlichen Umwelt, noch mehr aber die individuellen Probleme, die Zerbrechlichkeit persönlicher Beziehungen, die Unsicherheit wirtschaftlicher Existenz, die schwindenden Berufschancen unserer Kinder und die Verunsicherung durch nicht heilbare Krankheiten beschäftigen uns und machen Antworten notwendig, die offensichtlich von denen, denen sie zur Profession gemacht sind, nicht mehr gegeben werden können.

Zwar haben die verschiedenen Wissenschaftsbereiche, die Chemie und die Physik, die Biologie und die Medizin, die Soziologie und die Psychologie, solche Fragen zu meistern versucht und haben dabei häufig auch die richtigen Ausgangsfragen gestellt, mit der Summe ihrer Antworten aber, so scheint es heute, sind wir nur der Vernichtung der Welt nähergerückt als jemals zuvor.

Je mehr sich wissenschaftliche Zukunftsentwürfe und Prognosen als untauglich bei der Bewältigung individueller und kollektiver Probleme erwiesen haben, je mehr die traditionelle Wissenschaft und die Berufspolitiker versagen, desto mehr sind es die als Außenseiter Belächelten, die Querdenker, die noch Hoffnung in das Chaos unserer Zeit tragen.

Vom Rationalismus zur Hölle geschickt, war es die ›klassische‹ Astrologie, die mir Sicherheit in meinem Leben zu geben schien. Vor allen wichtigen Entscheidungen habe ich Astrologen befragt. Erst mit der Zeit begriff ich, wie sehr deren Prognosen meine Handlungsfreiheit einschränkten und mir mein Schicksal aus der Hand nahmen. Dabei war eigentlich schon das erste Horoskop, das ich mir stellen ließ, ein Hinweis auf die Begrenztheit dieser Astrologie. Es prophezeite mir nämlich einen Tod durch Ertrinken. Obwohl ich damals noch genug ›rationale‹ Zweifel an einer solchen Aussage besaß, hat mich diese Prognose in meinem Leben beeinflußt. Immer noch empfinde ich beim Schwimmen eine unbestimmte Furcht, halte nach dem rettenden Ufer Ausschau. Verständlich, daß sich mein Vergnügen beim Baden heute in Grenzen hält.

Ich glaubte diese Astrologie mit ihrem unfrei machenden Voraussagen überwinden zu müssen und machte mich an die Beschäftigung mit den Grundlagen dieser ältesten Wissenschaft. Ich arbeitete die einschlägige Literatur durch und mußte dabei erfahren, daß mein Sonnenstand nur schlecht sei, daß ich von chronischen Leiden befallen werden würde und beruflich bestenfalls als Krankenpfleger eine Chance hätte. Zudem deutete mein Mond ein weibliches Element an, und sei es auch nur der Rock des Priesters. Immerhin, nach aller Mühsal dieser Welt, so verhieß mir tröstlich Jupiter im Achten Haus, würde mir doch ein feierliches Begräbnis beschieden sein.

Solche endgültigen Prognosen setzten einen Prozeß der Neuorientierung in Gang. Ich lernte, daß es über die ›klassische‹ Astrologie hinaus eine wesentlich differenziertere Möglichkeit im Umgang mit astrologischen Erkenntnissen gibt, nämlich der Verbindung von alter Astrologie und humanistischer Psychologie.

Ich begriff, daß die Himmelskörper Ausgangspositionen unserer intellektuellen und emotionalen Anlagen zeigen, daß sie Aufgaben im Leben umreißen und unsere Fähigkeiten und Möglichkeiten, diese zu bewältigen: *Astrologie ist primär keine Voraussage der Zukunft, sondern ein Weg zur Selbsterkenntnis. Sie läßt dem Menschen die Freiheit, etwas zu tun oder zu lassen.* Dieser Freiheit muß der Mensch gerecht werden; wie er damit umgeht, bleibt allein seiner Entscheidung überlassen.

Die Astrologie, so wie ich sie hier beschrieben habe, befindet sich im Einklang mit Erkenntnissen vieler moderner Wissenschaftler. ›Wär nicht das Auge sonnenhaft / Die Sonne könnt es nie erblicken / Läg nicht in uns des Gottes eigne Kraft / Wie könnt uns Göttliches entzücken?‹ Goethe wußte wie alle Dichter und Mystiker, daß unser Erstaunen über die Dinge in der Welt immer auf der Entdeckung dieser Dinge in uns selbst beruht. Die moderne Wissenschaft hat dieses Wissen durch die Beschreibung des holographischen Effekts aufs eindrucksvollste bestätigt. Das ganze Bild ist schon im kleinsten Element enthalten. Jedes Ding enthält in seinem kleinsten Teil das Ganze, so ist auch in der menschlichen Seele der ganze Kosmos abgebildet.

Wir sähen die Milchstraße nicht, trügen wir sie nicht schon in uns. Und wenn der in den USA lehren Physiker Fritjof Capra die grundlegende Erkenntnis der Naturwissenschaften in diesem Jahrhundert darin sieht, daß es ›keine voneinander getrennten Dinge gibt, sondern nur miteinander verbundene Strukturen in einem andauernden kosmischen Tanz‹, dann erneuert er nur das in der Astrologie seit den Schriften des Hermes Trismegistos lebendige Wissen von dem Einssein aller Dinge: ›Was unten ist, ist wie das, was oben ist, und was oben ist, ist wie das, was unten ist, um die Wunder eines einzigen Dinges zu bewirken.‹

Wenn die Astrologie die Beziehung zwischen den Gestirnen und dem Leben der Menschen zum Inhalt aller Aussagen macht, dann sieht sie in den Himmelskörpern und ihren Konstellationen ein Gleichnis für die Kräfte, die in der Seele des Menschen wirken. Die Stellung der Planeten zur Stunde der Geburt eines Menschen entsprechen dem Kräfteverhältnis in seiner Seele, seiner charakterlichen Disposition. Was dem Menschen als sein Schicksal gegenübertritt, ist nichts anderes als die Auseinandersetzung mit seinem eigenen Wesen.

Handelt nun der Mensch im Bewußtsein seiner intellektuellen und emotionalen seelischen Anlagen, so bestimmt er auch sein Schicksal selbst. Handelt er aber in Unkenntnis seines eigenen Wesens, so erfährt er ein Leben, das ihm fremd erscheinen muß, ein Leben, das regiert wird vom Zufall und von Willkür, von Ereignissen, die er nicht begreifen kann.

Aber jeder sogenannte Zufall ist nur Folge fehlender Selbsterkenntnis. Jeder kann entscheiden, ob er sich zum Herrn seines Lebens macht.

Das, was für den einzelnen gilt, gilt auch für die Gemeinschaft. Viele, die sich mit Astrologie beschäftigen, ignorieren nur allzu leicht, daß der Mensch nicht nur ein Individuum ist. Für eine humanistische Astrologie ist er auch Teil eines gesellschaftlichen Ganzen, in das er als soziales Wesen eingebunden ist. Im einzelnen spiegelt sich die Gesellschaft und die Gesellschaft im einzelnen wider. Und wie ein individuelles Schicksal existiert, so auch ein kollektives Schicksal, eine kollektive Selbsterkenntnis, die angenommen oder verweigert werden kann.

Wie die Astrologie keine Wirklichkeit erzeugen kann, sondern, richtig verstanden, nur zu erklären versucht, so zeigt ein Horoskop nicht, wie der Mensch sein Schicksal verändern, sondern wie er es erfüllen kann. In der Selbstkenntnis kann der Mensch sein Schicksal begreifen und in seinem Schicksal sich selbst.

Deshalb empfehle ich bei Prognosen für die Zukunft allergrößte Vorsicht, der deutende Astrologe ist auch nur ein Mensch. Er wird ein Horoskop immer nur so gut deuten können, wie weit er in seiner persönlichen Entwicklung ist. Und merken Sie sich, wenn jemand ein Horoskop berechnen kann, muß er es noch lange nicht deuten können: ›Ein Horoskop kann nur von Menschen mit intuitiver Weisheit gedeutet werden, und solche gibt es wenige‹ (Jogananda). Ein Weiser läßt sich von schlechten Aspekten nicht ängstigen und kann ein Horoskop richtig deuten, weil er intuitiv die ›unbekannten‹ Planeten kennt, die Lebenskraft des Menschen. Und wer kennt seine Lebenskraft besser, wer ist weiser als der fragende Mensch selbst? ›Triffst du Buddha unterwegs, so töte ihn.‹

Ich habe in diesem Buch eine Möglichkeit entwickelt, mit der jeder Leser die Astrologie nutzen kann, um mehr über sich und seine Anlagen zu erfahren und so die gewonnene Selbsterkenntnis bei der Gestaltung seines Lebens einzusetzen. Dabei ist niemand auf komplizierte Berechnungen angewiesen, auf einfache Weise können Sie Aszendent, Sonne und Himmelsmitte ablesen. Sehen Sie diese drei immer als eine Einheit, versuchen Sie dabei auch die jeweils angrenzenden Grade zu berücksichtigen. Das ist um so wichtiger, als wahrscheinlich nur wenigen ihre exakte Geburtszeit bekannt ist.

Bei meiner Beschäftigung mit den philosophischen Grundlagen der Astrologie des Mittelalters bin ich auf alte Quellen zur Deutung der Tierkreis-Grade gestoßen, so auf die Aratea- und Bonatti-Handschriften, die Salone-Fresken in Padua, die Abû-Ma'sâr-Handschrift, das Lapidario del Rey Don Alfonso und schließlich das ASTROLABIUM PLANUM des Johannes Angelus, das ich hier mit den mittelalterlichen Bildern und Deutungen vorlege. Diese Bilder stammen also nicht von einem einzelnen ›Hellseher‹. In ihnen haben sich vielmehr die Erfahrungen von Jahrtausenden zu Symbolen verdichtet, ähnlich wie bei den Tierkreiszeichen. Die Herkunft dieser Symbole ist vielfältig, was die des Tarot Kundigen in den Parallelen entdecken werden, es finden sich in ihnen gnostische, arabische, ägyptische Einflüsse (Kamel, Schlange), Parallelen zur Kabbala und zum geheimen Wissen der Zigeuner, auch Hinweise auf den indischen Kulturkreis (Affe, Elefant). Die Bildsymbole sind alt und bleiben gültig, ihre Deutungen sind zeitbedingt. Wenn Sie die Übersetzung der lateinischen Deutungen lesen, werden Sie erkennen, daß diese in ihrer zuweilen holzschnittartigen Brutalität den mittelalterlichen Moral- und Wertvorstellungen entsprechen.

Das Denken in Bildern wird uns in unserer rationalistischen Zeit schwergemacht, weil wir in einer Bilderflut zu ertrinken drohen. Daher habe ich, um die Bildersprache in unser heutiges Verständnis zu übersetzen, meine Deutung eines jeden Grades beigegeben. Ich bin von der Treffsicherheit der Symbole für mein eigenes Leben und das vieler meiner Freunde und Bekannten überzeugt und habe mich deshalb entschlossen, diese Erfahrungen einem größeren Kreis von Interessierten weiterzugeben. Wer sich einlassen mag, wird in den Bildern und Deutungen einen Teil seines Wesens wiedererkennen und damit sich selbst besser kennenlernen.

Meine Deutungen erheben keinen Absolutheitsanspruch, sie sollen vielmehr Hilfe zur Selbstdeutung sein. Diese kann nie abgeschlossen und endgültig sein, denn Bilder und Symbole sind genausowenig in ihrer letzten Bedeutung auszuloten wie die Seele des Menschen.

Mit Hilfe meiner Tabelle kann jeder durch eine einfache Addition den Aszendenten, den Sonnenstand und die Himmelsmitte bestimmen. Diese sind die drei wichtigsten Faktoren eines Horoskops und geben Aufschluß über Anlage, Verwirklichung und Ziel des Menschen. So kann sich jeder die Grundbegriffe seines Horoskops aneignen und zu einer besseren Selbsterkenntnis kommen. Für den erfahrenen Astrologen werden die Bildsymbole eine wertvolle Ergänzung seines Wissens sein.

Jeder weiß, daß man nicht alles wissen kann. Der Mensch ist ein tiefes Geheimnis mit seiner Freiheit und seiner Unfreiheit. Aber wir wissen auch um die Möglichkeit der Verwandlung und sehen den Menschen in seiner Einmaligkeit, die durch alle Computer dieser Erde und alle Sterne des Universums nicht berechnet und bestimmt werden kann. Deshalb ist Astrologie nicht gleichzusetzen mit Zukunftsdeutung, sondern einer der Wege, der den Menschen sich selbst näherbringen kann. Und vergessen wir nicht: ›Das Leben ist kein Problem, das man lösen muß, sondern ein Mysterium, das man leben muß.‹

ASZENDENT SONNE, HIMMELSMITTE

So wie die Sonne am Osthorizont »aufgeht«, so geht durchschnittlich alle vier Minuten ein neuer Grad des Tierkreises auf, alle zwei Stunden ein neues Tierkreiszeichen, so daß in 24 Stunden alle 360 Grade und 12 Zeichen einmal aufgegangen sind, weil sich die Erde am Tag einmal um ihre eigene Achse dreht. Diesen aufsteigenden Grad zur Zeit der Geburt nennt man den *Aszendent.* Anders formuliert: Der Aszendent ist der am Osthorizont aufsteigende Punkt der Ekliptik zur Zeit der Geburt.

Während die Sonne 24 Stunden im gleichen Grad steht, durchwandert der Aszendent an einem Tag alle 360 Grade des Tierkreises und gibt dadurch dem Horoskop seine individuelle Note. Um ihn zu berechnen, ist die genaue Geburtszeit notwendig.

So wie die Sonne zu Mittag den höchsten Punkt erreicht, so erreicht im Tierkreis alle 4 Minuten ein neuer Grad die *Himmelsmitte,* lateinisch ›Medium coeli‹ (Mc) genannt. Auch das ist ein bedeutender Punkt in jedem Horoskop.

In meiner Tabelle können Sie Zeichen und Grad von Aszendent, Sonne und Himmelsmitte ablesen. Die Tabelle hat eine Genauigkeit von plus/minus ein Grad. Ich habe die Erfahrung gemacht, daß Geburtszeiten nur selten exakt sind. Deshalb gehört auch eine gewisse Intuition dazu, um den genauen Grad zu finden. Sie müssen nur die Aussagen der angrenzenden Grade mit ihrem Charakter vergleichen, dann können Sie sich auf die Geburtszeit einpendeln.

Der *Aszendent* repräsentiert die Anlage des Menschen, sein Temperament, die Art und Weise, wie er leben muß, um sich frei und glücklich zu fühlen. Er symbolisiert die Möglichkeiten, die dem Menschen zum Aufbau seines Lebens zur Verfügung stehen. Deshalb wird im Laufe des Lebens der Aszendent immer mehr Bedeutung bekommen, und in der zweiten Lebenshälfte können die Eigenschaften des Aszendenten stärker hervortreten als die der Sonne.

Die *Sonne* zeigt die Art und Weise, wie der einzelne seine Anlage verwirklicht, sein Verhalten. Sie symbolisiert das Selbst, und ihr Stand zeigt, ob die Selbstverwirklichung harmonisch verläuft oder mit großen Schwierigkeiten verbunden ist, wobei letzteres die Entwicklung starker Charaktere begünstigt.

Die *Himmelsmitte* zeigt das Ziel eines Menschen an und wie sich sein Leben in der Öffentlichkeit auswirkt. Sie zeigt, wo die Berufung des einzelnen liegt, zeigt daher auch, zu welchem Beruf er sich hingezogen fühlt.

Ich beginne meine Gradeinteilung nicht wie bei den alten Bildern bei 1 Grad, sondern bei 0 Grad, weil unsere Zeiteinteilung nicht bei 1, sondern bei 0 beginnt.

DIE GRADE

WIDDER ♈

Der Widder ist das aggressivste Feuerzeichen. Als Planet ist ihm der kämpferische Mars zugeordnet. Dies zeigt sich auch im Charakter der Menschen, die unter diesem Zeichen geboren sind. Für sie steht am Anfang die Tat. Sie sind voller Unternehmungsgeist und schnell zu begeistern. Von ihnen geht der zündende Funke aus, der andere mitreißen kann, aber es fehlt ihnen an Geduld. Sie wollen nicht warten, bis die Zeit reif ist, es muß alles sofort geschehen.

Jn primo gradu arietis.
Ascendit vir dextera tenens falcē
& sinistra manu balistam.
¶ Homo aliquādo laborat: aliquā
do bella exercet.

Im ersten Grad des Widders steigt ein Mann auf, der in der rechten Hand eine Sichel und in der linken eine Armbrust hält.

Dieser Mensch wird arbeiten und kämpfen.

0° Ein selbstbewußter und strebsamer Mensch, der in manchen Streit mit dem anderen Geschlecht verwickelt wird. Dabei kann er sich in seiner angriffslustigen Art meistens durchsetzen. Er ist schnell in seinen Entscheidungen und wirkt auf andere oft verletzend. Unerschrockenheit und Unternehmungslust sind seine Hauptmerkmale.

Homo cum capite canino dexte
ra sua extensa: & in sinistra bacu
lum habentem.
¶ Homo litigiosus erit, & inui-
dus vt canis.

Ein Mensch mit Hundekopf, seine rechte Hand ist ausgestreckt, die linke hält einen Knüttel.

Ein streitsüchtiger und neidischer Mensch (wie ein Hund).

1° Ein streitsüchtiger Mensch, der von innerer Unruhe zu immer neuen Aktivitäten getrieben wird. Er haßt die Intellektualität, weil er spürt, daß jede Theorie seinem Tatendrang hinderlich ist. Seine eigenen Rückschläge lassen ihn neidisch auf die Erfolge anderer blicken. Wie einst Diogenes im Faß kümmert er sich nicht um gesellschaftliche Normen.

Homo dextera manu ostendens varia
mundi: & sinistra applicata cingulo.
¶ Homo erit pacem diligens.

Ein Mensch, der mit der rechten Hand etwas erklärt, die linke hält er am Gürtel.

Der Mensch wird friedliebend sein.

2° Ein Mensch, der seiner Zeit voraus ist. Er möchte seine Erkenntnisse an andere weitergeben. Er ist ein Verkünder des »Neuen Zeitalters«, in dem nicht nur Wissen, sondern auch Haltungen zählen.

Homo crispus capillis dextera manu tenes
accipitrem: & sinistra flagellum.
¶ Raro ditatur ea que accumula
uerit senex consumit.

Ein Mensch mit lockigem Haar hält in der rechten Hand einen Falken, in der linken eine Geißel.

Wenig wird ihm geschenkt, was er ansammelt, verbraucht er im Alter.

3° Ein Mensch, der dazu neigt, mehr auszugeben, als er besitzt, und eines Tages mit leeren Händen dastehen kann. Ein typischer Verschwender, er wird seine Ressourcen und die seiner Umwelt solange ausbeuten, bis sie kaum noch Früchte bringen.

Homines duo vnus bipenni ſecans ligna:
alter ṽo ſceptrũ in dextera manutenens.
¶ Paterfamilias appellabitur.

Zwei Männer, einer spaltet Holz, der andere hält ein Zepter.

Er wird Familienvater genannt werden.

4° Dieser Mensch ist wie geschaffen für Ehe und Partnerschaft. Er zeigt Harmonie in der Gemeinschaft und in der Arbeit mit anderen. Ein praktisch veranlagter Mensch, der mit ehrlicher Arbeit sein Geld verdient.

Rex coronatus pomũ in dextera: ⁊ ſceptrũ in ſiniſtra manu tenens.
¶ Omnes conſanguineos ⁊ vicinos ſuos tranſcendet.

Ein Kaiser, der den Reichsapfel in der rechten und das Zepter in der linken Hand hält.

Er wird alle seine Verwandten und Nachbarn übertreffen.

5° Dieser Mensch kommt zu Ansehen und Macht, die er zum Wohle anderer einsetzt. Wegen seiner Erfahrung und seines Weitblicks wird man gerne auf ihn hören und seinen Rat befolgen. Er wird geliebt und geachtet sein, er ist wohltätig und freigebig, ohne dafür Dank zu erwarten.

Homo totus armatus dextera manu sagittam tenens.
¶ Homo erit se custodiens.

Ein Soldat, der einen Pfeil in der rechten Hand hält.

Der Mensch wird vorsichtig sein.

6° Ein Mensch, der verletzend wirken kann, sich selbst aber aus Angst vor Verletzungen abkapselt. Er möchte krampfhaft auf sich aufmerksam machen, isoliert sich aber oft von seiner Umgebung. Er ist der Unverstandene und Einsame. Er sollte versuchen, es nicht mit allen zu verderben.

Homo capite tectus galea ꝛ alš non armatus detera manu tenēs balistā.
¶ Homo litigiosus erit ꝛ occisor.

Ein Mann mit Helm, sonst aber ungeschützt, der in der rechten Hand eine Armbrust hält.

Es wird ein streitsüchtiger Mensch und Mörder sein.

7° Ein Mensch, der mit dem Kopf durch die Wand will. Er greift mit seinem scharfen Verstand an, ohne sich selbst zu schonen. Das Zusammenleben mit ihm ist schwierig, da er immer recht haben will und Streit sucht. Als Mitarbeiter wird er Schwierigkeiten machen, da er selbst ganz oben stehen will.

Homo nudus capite al's bene vestitus
sinistra manu tenens gladium.

¶ Homo verbosus erit ⁊ semp̄ mirab.

Ein gutgekleideter Mann ohne Kopfbedeckung, die linke Hand am Schwert.

Ein wunderlicher Redner.

8° Ein wissenschaftlich interessierter Mensch, der es zu großem Ansehen bringen kann. Sein Interesse gilt den Geheimnissen des Lebens und der Geschichte der Erde. Er glaubt, daß der Mensch aus der Vergangenheit lernen kann, deshalb schätzt er Erfahrung und Tradition. Es macht ihm Freude, sein Wissen an andere weiterzugeben.

Homo nudus capite al's vestitus trās
figens vrsum vnum cuspide.

¶ Venator erit.

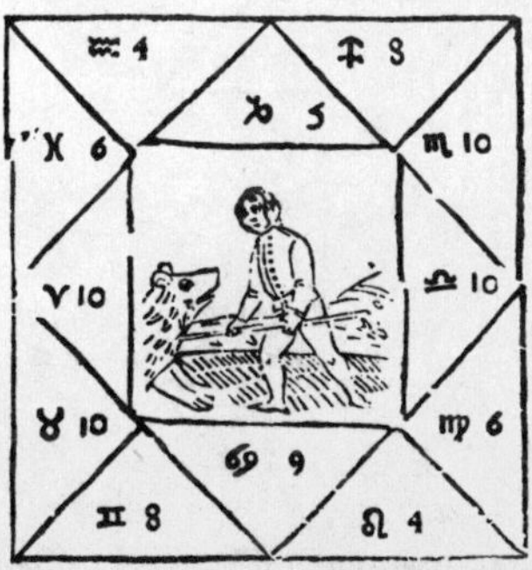

Ein bekleideter Mann ohne Kopfbedeckung durchbohrt einen Bären mit einer Lanze.

Es wird ein Jäger sein.

9° Dieser Mensch kämpft gegen sich selbst, will seine Gefühle abtöten, weil sie ihm hinderlich sind auf dem Weg zum Erfolg. Es ist der Typ des Aufsteigers, der um der Karriere willen sein Lebensglück opfern kann.

Mulier stans in dextera manu te nens colum.
¶ Homo hospitalis erit

Eine aufrecht stehende Frau, die eine Spindel in der Hand hält.

Der Mensch wird gastfreundlich sein.

10° Ein kunstsinniger Mensch, der ein schönes Heim liebt. Für ihn ist die Wohnung, das Haus seine Welt, worin er sich als charmanter Gastgeber erweist. Er läßt sich stark von seinen Gefühlen leiten, ohne dabei launisch zu sein, seine Grundstimmung ist Harmonie.

Aquila expansis alis volitans supra pullos suos inferius sedentes.
¶ Homo erit cupiens exaltari.

Ein Adler, der die Schwingen über seine Jungen ausbreitet.

Dieser Mensch will außergewöhnlich sein.

11° Ein Mensch mit faszinierenden Gedanken, die er mit Entschlossenheit durchzusetzen versucht. Er ist freiheitsliebend, fühlt sich am wohlsten, wenn er allein ist oder andere beschützt, was leicht in Herrschsucht ausarten kann.

Homo subtilis manu sua dextera tenens hyrcum cum cornibus.
¶ Homo valde mirabilis erit.

Ein feinfühliger Mensch hält mit der rechten Hand einen Ziegenbock an den Hörnern.

Es wird ein sehr außergewöhnlicher Mensch sein.

12° Eine Kämpfernatur, die sich aber nicht brutal durchzusetzen versucht, sondern ihre Kräfte subtil einsetzt. Dieser Mensch ist bereit nachzugeben und abzuwarten; bei allem, was er tut, zeigt er Fingerspitzengefühl, Einsicht und Mitgefühl.

Homo stans erectus stans captus vtraq̄ manu cathena vna.
¶ Homo iste sepius incarceratus erit.

Ein Gefangener, dem beide Hände gefesselt sind.

Dieser Mensch wird oft gefangen sein.

13° Wenn dieser Mensch auf Gewalt vertraut, wird er untergehen. Denn wahre Kraft kann niemals Zwang bringen, sondern Freiheit und Erlösung. Er sollte daher nicht versuchen, andere mit Taten zu beherrschen, vielmehr seinen starken Charakter wirken lassen.

Homo nudus capite: extensis brachijs ⁊ indutus lorica.
¶ Fur erit ⁊ nequam.

Ein Mensch ohne Kopfbedeckung mit einem Kettenhemd, er breitet die Arme aus.

Es wird ein Dieb sein und ein Nichtsnutz.

14° Ein Mensch, der bereit ist anzunehmen, was das Leben bringt. Er kämpft, ohne wirklich zu kämpfen, was ihn oft als »Nichtsnutz« erscheinen läßt. Er läßt den Zufall für sich arbeiten, weil er weiß, daß er alles bekommen wird, wenn er es ersehnt. Oft bekommt er etwas anderes, als er rational erwartet, es ist aber immer das, was er sich im Innersten erhoffte.

Homo laborans cum ligone. Als bō aquā fundens ex vrceolo.
¶ Homo prendens pisces aut laborator erit.

Ein Mensch, der mit einer Haue arbeitet und dabei eine Quelle findet.

Es wird ein Fischer oder Arbeiter sein.

15° Dieser Mensch kann sehr erfolgreich sein. Er ist fleißig und auf seinen Vorteil bedacht. Er versteht es, immer neue Energien anzuzapfen, und kann auch seine Gefühle mit einbringen. In sublimierter Form ist es der Künstler, der sich durch seine Kreativität verwirklicht.

Homo ociosus stans erectus serico indutus.

¶ Homo delicatus erit.

Ein vornehm gekleideter Mann, der untätig dasteht.

Der Mensch wird ein Genießer sein.

16° Ein Mensch, der sich gern aufwendig gibt, jedoch mit Geld nicht umgehen kann. Obwohl geistig hochstehend, kann er meist sein Wissen nicht verwerten, und dann wird es ihm ergehen wie dem Knecht, der mit den Talenten nicht wirtschaften konnte.

Mulier in tribunali sedens eleuata manu dextera.

¶ Homo pacem erit diligens.

Eine Frau, die auf einem Richterstuhl sitzt und die rechte Hand hebt.

Ein Mensch, der den Frieden liebt.

17° Ein Mensch, dessen größte Tugend die Gelassenheit ist. Er weiß um das Geheimnis des Lebens, daß alles seine Zeit braucht, daß uns nur die Zeit von unserem Glücke trennt. Er lebt aus dem Herzen und hat großes Vertrauen in eine heile Zukunft.

Homo stans lorica indutus manibus suis
thesaurū ostendens pecuniarum.
¶ Fur erit ⁊ nequam.

Ein Mann, der einen Brustharnisch trägt, seine Hände zeigen auf einen Geldschatz.

Es wird ein Dieb sein und ein Nichtsnutz.

18° Ein Mensch, der Geld verdient, ohne viel nach ethischen Grundsätzen zu fragen. Vielleicht der Aufsteiger, der sich im Konkurrenzkampf durchsetzt. Doch wie gewonnen, so zerronnen. Er ist großzügig und gibt das Geld mit vollen Händen aus, ohne an die Zukunft zu denken.

Homo coopertus capite galea cū pēna stru-
tij thaurū eqtās: ⁊ a sinistris equū ducēs.
¶ Homo malitiosus erit.

Ein Mensch, dessen Haupt einen Helm mit einer Straußenfeder trägt. Er reitet auf einem Stier und führt mit der linken Hand ein Pferd.

Ein boshafter Mensch.

19° Für diesen Menschen werden Liebe und Leidenschaft von überragender Bedeutung sein. Seine Wirkung auf das andere Geschlecht ist groß, und er hat Spaß an Eroberungen, doch werden Bindungen kaum von Dauer sein.

Canis ſedens faciem ſuam vertens ad leonem, ſedentem.

¶ Fidelis erit ſocius.

Ein sitzender Hund, der einen Löwen anschaut.

Es wird ein treuer Freund sein.

20° Dieser Mensch wird durch seinen Instinkt geleitet. Wenn er auf seine innere Stimme hört, wird er richtig handeln. Er gilt als treuer Freund, der auch in der Not da ist. Seine Gutmütigkeit und Großzügigkeit werden leicht ausgenützt.

Urſus ſedens trabem habens magnum in ore ſuo.

¶ Malus erit ſocius.

Ein sitzender Bär, der einen großen Balken in seinem Maul hält.

Es wird ein schlechter Freund sein.

21° Dieser Mensch hat starke emotionale Kräfte und übt große Anziehung und Ausstrahlung auf andere aus. Er kann aber mit seinen Kräften nicht haushalten und läßt sich gehen. Er sollte lernen, seine Kräfte nicht sinnlos zu verschwenden.

Serpentes tres contra alios tres pu
gnantes.
¶ Homo plures habebit inimicos.

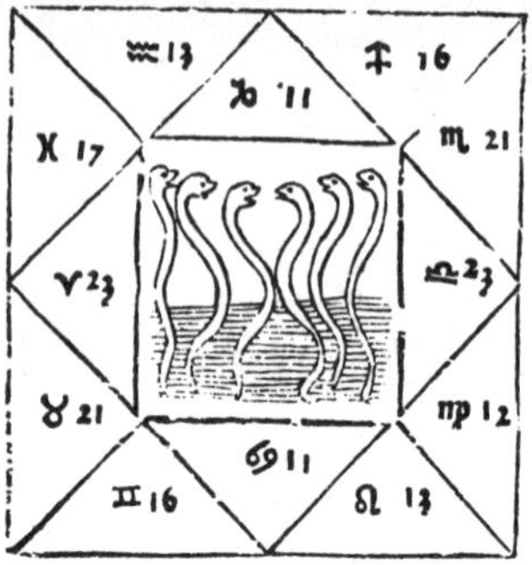

Drei Schlangen, die gegen drei andere kämpfen.

Dieser Mensch wird viele Feinde haben.

22° Ein Mensch, der innerlich zerrissen ist. Er lebt stark aus dem Gefühl und kennt seine Vorzüge und Fehler. Diese Zerrissenheit kann ihm auch Feinde einbringen. Doch wird er sich nach harten Auseinandersetzungen zu behaupten wissen. Widerstände können ihn nicht abschrecken, sondern fordern seine Willensstärke heraus. Es reizt ihn zu kämpfen.

Mulier nuda tegens pudibunda perisa
mate dextera manu extendente.
Mulier optans virum aut vir mulierē.

Eine nackte Frau, die ihre Scham bedeckt, die rechte Hand hält sie ausgestreckt.

Eine Frau, die sich nach einem Mann sehnt, oder ein Mann, der sich nach einer Frau sehnt.

23° Ein Mensch, der seine Attraktivität ins rechte Licht zu rücken weiß. Er wird umschwärmt sein, doch kann er Sexualität und Liebe nicht genießen. Er gebraucht sie vielmehr, um anerkannt oder berühmt zu werden. Er neigt dazu, seine Schönheit und vielleicht auch seine Sexualität zu vermarkten. Der Typ des Stars.

Homo crispos habens capillos: ⁊ arie tem equitans cornutum.
¶ Ciues erit volens cito dominare.

Ein Mann mit lockigem Haar, der auf einem Widder reitet.

Ein Bürger, der gern herrschen will.

24° Der typische Eroberer und Draufgänger. Was sich dieser Mensch in den Kopf setzt, das wird er auch erreichen, dabei ist Denken nicht seine Stärke. Er handelt spontan, weiß sich in allen Lebenslagen zu helfen, denn er hat großes Vertrauen in seine Fähigkeiten und sein Können.

Sol contra solem splendens
¶ Homo erit principatum tenens

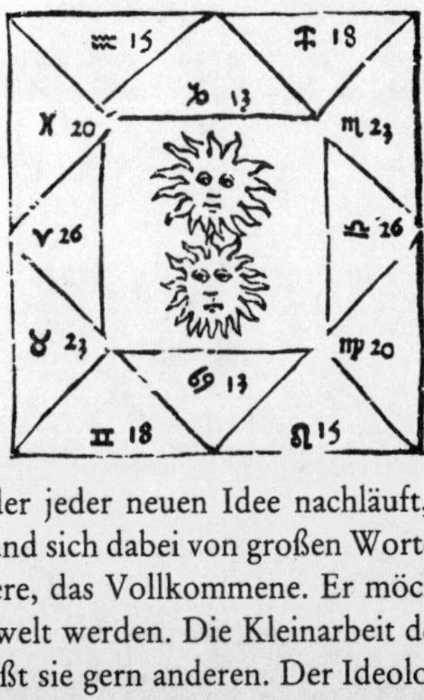

Eine Sonne, die gegen eine andere strahlt.

Ein Mensch, der eine hohe Stellung haben wird.

25° Ein Mensch, der jeder neuen Idee nachläuft, auf der Suche nach einem Lebenssinn, und sich dabei von großen Worten beeindrucken läßt. Er will das Besondere, das Vollkommene. Er möchte zum leuchtenden Vorbild für die Mitwelt werden. Die Kleinarbeit des Alltags interessiert ihn wenig, er überläßt sie gern anderen. Der Ideologe.

¶ Draco magnus in terra iacens

¶ Homo potens erit in senectute.

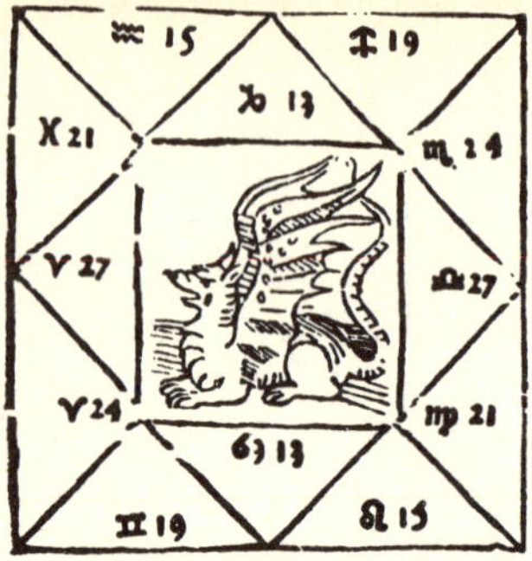

Ein großer Drache, der am Boden liegt.

Ein Mensch, der im Alter mächtig sein wird.

26° Für Männer ist dieser Grad gefährlicher als für Frauen. Sie fühlen sich oft von ihrer Mutter abgelehnt oder sind mit »Affenliebe« verwöhnt worden. Sie können sich nur selten an Frauen dauerhaft binden: die ewigen, an Frauen herummäkelnden Junggesellen. Eine Frau dieses Grades kann für ihre Kinder zur »Übermutter« werden und sie in ständiger Abhängigkeit halten. Diese Menschen werden sich radikal mit ihren Gefühlen auseinandersetzen müssen. Erst in der zweiten Lebenshälfte wird Ruhe einkehren.

¶ Mulier stans erecta bene vestita.

¶ Homo hylaris erit ac pacificus.

Eine aufrecht stehende gutgekleidete Frau.

Ein Mensch, der friedfertig sein wird.

27° Dieser Mensch wird in jungen Jahren ein feuriger Liebhaber sein. Er sieht aber, daß ständige Geselligkeit und immer neue Abenteuer nicht glücklich machen, und sucht seinen Frieden in einer dauerhaften Partnerschaft.

Homo serram tenens in manibus suis.

Homo erit labore se nutriens & vxorem

Ein Mensch, der eine Säge in Händen hält.

Ein Mensch, der sich und seine Frau durch Arbeit ernähren wird.

28° Ein fleißiger Mensch, der seine Aufgabe darin sieht, für sich und seine Familie das tägliche Brot zu verdienen. Seine Tugend ist die Liebe zur Arbeit.

Mulier austera equum ducẽs sel-
latum in dextera manu.
Homo dominari volens alteri.

Eine ernste Frau, die ein gesatteltes Pferd mit der rechten Hand führt.

Ein Mensch, der andere beherrschen will.

29° Ein Mensch, der beherrscht und in seinem Handeln zielstrebig ist. Er steht gern im Mittelpunkt und fühlt sich anderen überlegen. Er kann als unnahbar und hochmütig erscheinen, weil er seine wahren Gefühle nicht zeigt. Ein energischer Mensch.

STIER ♉

Zeichnet der Widder sich durch seinen Eroberungsdrang aus, so will der Stier das Eroberte in den Bestand ziehen, um es zu besitzen und zu genießen. Wie ein Baum im Boden möchte der Stier-Mensch Wurzeln schlagen in seiner Umgebung. Die Venus ist der Planet dieses Zeichens, daher der ausgeprägte Schönheitssinn und eine tiefe Verbundenheit mit dem Sinnlich-Triebhaften. Überraschende Einfälle und ein merkwürdiges Schicksal können dieses Leben bestimmen. Lebensfreude und Lebensbejahung dominieren ebenso wie eine große Liebe zur Natur.

In primo gradu thauri.
Ascendit vir thaurū ducens ad macellū baculū tenēs in manu.

Homo carnifex erit.

Im ersten Grad des Stiers steigt ein Mann auf, der einen Stier führt und einen Stachelstab in der Hand hält.

Der Mensch wird ein Peiniger sein.

0° Ein Mensch, der sich im täglichen Lebenskampf bewähren wird. Sein Leben wird abwechslungsreich verlaufen. Er liebt die Auseinandersetzung, den Kampf. Er will das Leben unter seine Kontrolle bringen, deshalb ist sein Streben nach Besitzen und Beherrschen stark ausgeprägt. So unerklärlich wie das Glück in der Liebe werden viele seiner Erfolge sein.

Mulier manu tenens caudam vnius equi.

Homo vacans erit & ociosus.

Eine Frau, die einen Pferdeschweif in der Hand hält.

Der Mensch wird unabhängig und untätig sein.

1° Ein Mensch, der sich sinnlichen Genüssen hingibt. Er setzt seine erotische Ausstrahlung geschickt ein, um sich eine gesicherte Lebensgrundlage zu schaffen. Er will das Glück festhalten.

Mulier antiqua pepulata al's nuda tegens pudibunda perismate.
Optat virum in senio: & iuuenis esse cupit.

Eine alte häßliche Frau, die ihre Scham verdeckt.

Sie wünscht sich im Alter einen Mann und will jugendlich wirken.

2° Ein Mensch, der seine geheimsten Leidenschaften nicht auslebt und darüber verbittert ist. Er sucht Sündenböcke für seine Bigotterie und macht sich selbst zum Tugendbold. Oft ein Moralist, der Sexualität als Sünde verurteilt.

Mulier manu dextera flagellū tenens.

Homo iracundus erit.

Eine Frau, die in der rechten Hand eine Geißel hält.

Der Mensch wird jähzornig sein.

3° Dieser Mensch kann hinterlistig und brutal sein und mehr vom Haß als aus der Liebe leben. Bisweilen wird er verbittert und grausam sein, die Schwächen des anderen genießen und ausnützen.

Bos sedens in caldari.

Hospes bonus erit.

Ein Ochse, der in einem Kessel sitzt.

Es wird ein guter Gastgeber sein.

4° Diesen Menschen zeichnen große Ruhe und Gelassenheit aus. Er läßt sich durch nichts und niemand stören, genießt die kleinen Freuden des Alltags und macht sich keine sorgenvollen Gedanken über die Zukunft.

Homo tres habens facies: & manu ostendens dextera.

Homo sapiens erit & illustris.

Ein Mensch mit drei Gesichtern, die rechte Hand streckt er aus.

Der Mensch wird klug und berühmt sein.

5° Ein Mensch mit großem Ehrgeiz, ein scharfer Denker. Er will seine Umgebung mit seinen Ideen beglücken und beherrschen. Er weiß für alles zwischen Himmel und Erde eine Erklärung. Der fortschrittsgläubige Intellektuelle.

Mulier formosa stans erecta.

¶ Homo superbus mente erit.

Eine schöne Frau steht aufrecht da.

Der Mensch wird hochmütig sein.

6° Dieser Mensch ist für die Lebensfreude geboren. Er will lieben und geliebt werden, glücklich sein und andere glücklich machen. Er mag keine oberflächlichen Flirts, sondern wird sich seinen Partner sehr genau ansehen und aussuchen, denn er liebt Dauer und Sicherheit. Er hat ein gesundes Selbstbewußtsein und ein gutes Auftreten.

Mulier tristis sedens supra scabellum.

¶ Homo tristis erit et humilis.

Eine traurige Frau sitzt auf einer Bank.

Der Mensch wird traurig und kleinmütig sein.

7° Ein Mensch, der aus Mitleid mit der Welt in tiefes Leid versinken kann. Er macht sich Sorgen über die Sorgen anderer und wird dabei oft selbst den Mitmenschen zum Sorgenkind. Er versinkt zuweilen so sehr in seinen trübsinnigen Gedanken, daß sein Lebensglück zu kurz kommt.

Uir manu sua tenet flagellum pascens agnos ⁊ capras in campo.

Opilio erit ⁊ bubulcus.

Ein Mann, der mit einer Peitsche in der Hand Schafe und Ziegen weidet.

Es wird ein Hirte und Knecht sein.

8° Ein Mensch, der sein Ziel mit ungeeigneten Mitteln zu erreichen sucht. Für ihn heiligt der Zweck die Mittel. Er will sich mit Gewalt durchsetzen, wird aber daran scheitern. Durch seine Herrschsucht kann er sich viele Feindschaften zuziehen. Es ist der autoritäre Typ, der Gewalt um der Gewalt willen braucht.

Due mulieres simul stantes ⁊ cum cane in medio eoꝝ ludentes.

Hō̄ ociosus erit ⁊ venerijs actib⁹ incūbēs

Zwei Frauen, die mit einem Hund spielen.

Der Mensch wird untätig und der sinnlichen Liebe ergeben sein.

9° Dieser Mensch nimmt das Leben spielerisch und geht allem Unangenehmen aus dem Weg. Seine Arbeit macht er zum Zeitvertreib, aber manchmal wird er Sorgen haben, weil er zu sorglos ist.

Auis magna ſtans vt coruus

¶ Homo erit auarus.

Ein großer Vogel wie ein Rabe.

Der Mensch wird geizig sein.

10° Dieser Mensch neigt zur Habgier, seine Gedanken drehen sich um Geld und Besitz. Er will durch Imponiergehabe zum Erfolg kommen. Weil er sich nie wirklich geliebt sieht, sucht er sich Ersatz in materiellen Werten.

Mulieres due ſtantes ⁊ manus ſtipulatas habentes.

¶ Homo erit bone voluntatis.

Zwei Frauen, die sich ein Versprechen geben.

Der Mensch wird guten Willens sein.

11° Ein Mensch mit einem ehrlichen Charakter, angesehen wegen seiner Güte und Freundlichkeit, liebt das Schöne und die Harmonie. Ein ausgeprägter Formensinn, macht es ihm auch möglich, sich in jeder Lage durchzusetzen. Neigt zu sanfter Gewalt.

Due mulieres seinuicem percutientes.

¶Homo litigiosus erit & rixosus.

Zwei Frauen, die sich schlagen.

Der Mensch wird zänkisch und streitsüchtig sein.

12° Ein energiegeladener Mensch, rechthaberisch, der deshalb in zahlreiche Streitereien verwickelt wird, die mit Zornausbrüchen verbunden sind. Er sollte bedenken, daß man mit einem Tropfen Honig mehr Fliegen fängt als mit einem Faß Essig.

Homo baculū tenens manibus suis.

¶Homo cōpescens litigiosos.

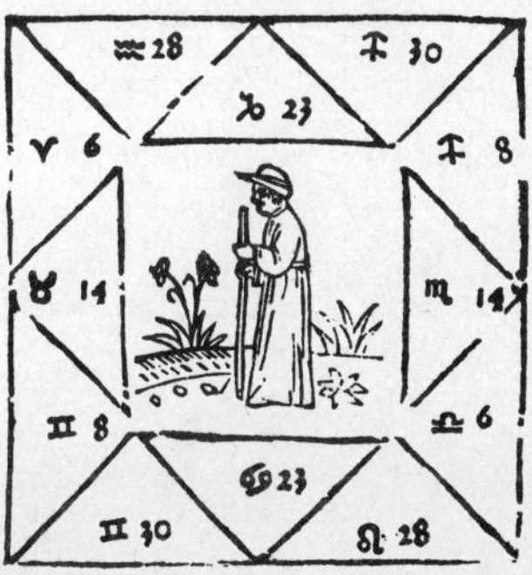

Ein Mensch mit einem Stab in der Hand.

Der Mensch wird Streitsüchtige beruhigen.

13° Ein ausgeglichener und friedfertiger Mensch. Er läßt sich nicht von großen Worten begeistern, sondern verändert die Welt im Kleinen. Der Typ des biologischen Bauern, der weiß, daß man der Zeit Zeit lassen muß.

¶ Aues septem volantes in aere

¶ Homo instabilis erit.

Sieben Vögel fliegen in der Luft.

Der Mensch wird wankelmütig sein.

14° Dieser Mensch braucht immer Gesellschaft, Abwechslung, Abenteuer. Kann in Geldsachen großzügig, in seiner Lebensgestaltung leichtsinnig sein. Ist immer in Eile, überall und nirgendwo.

Homo sedens in asino.

¶ Homo piger erit ꝛ tardus in oīb⁹.

Ein Mensch auf einem Esel.

Der Mensch wird in allem faul und träge sein.

15° Dieser Mensch steht mit beiden Füßen auf dem Boden, er genießt die kleinen Freuden des Lebens, das große Glück ist für ihn die Stetigkeit. Er läßt sich auch von den Hindernissen nicht aufhalten, für ihn beginnt Tag für Tag das Wunder des Lebens. Er trägt noch das Staunenkönnen eines Kindes in sich.

Thaurus arbore alligatus per medium.

¶ Homo labore impeditus erit quotidie

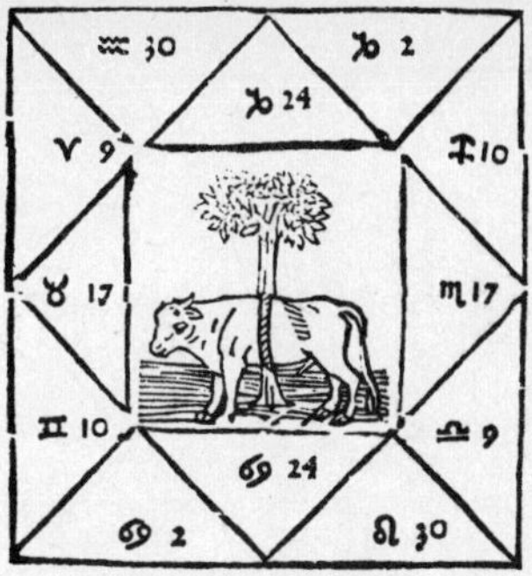

Ein Stier, der um die Mitte an einen Baum gebunden ist.

Der Mensch wird in der täglichen Arbeit eifrig sein.

16° Dieser Mensch weicht der Auseinandersetzung lieber aus, weil er sich dem Kampf nicht gewachsen fühlt. Er liebt das Leben, vor allem das kultivierte Leben. Er setzt seine Energien nicht leichtsinnig ein. Er bleibt vielmehr gebunden an Traditionen, an Familie oder Mutter und kann ein treuer Ehepartner sein.

Duo thauri capitibus simul pugnãtes.

¶ Homo furiosus erit.

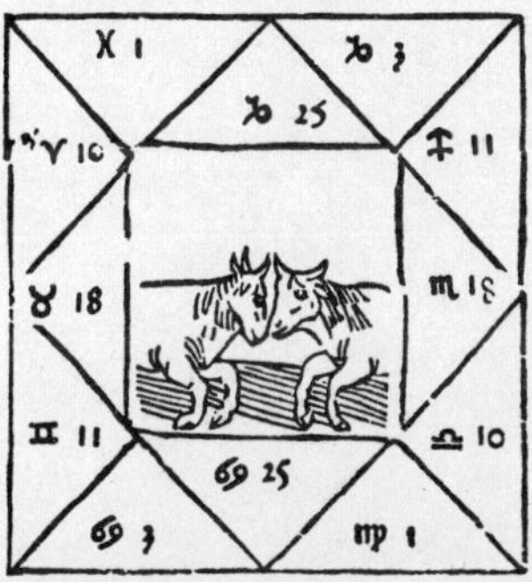

Zwei miteinander kämpfende Stiere.

Der Mensch wird oft wütend sein.

17° Ein Mensch, der den Gefahren und Schwierigkeiten im Leben nicht ausweicht. Er nimmt jede Herausforderung an und hat Freude am Kämpfen und Herrschen. Er wird im Leben immer wieder mit überraschenden Situationen konfrontiert werden. Ein energiegeladener Mensch.

Mulier aquam fundens de vna olla in aliam.

¶ Homo erit dulcia dans verba.

Eine Frau, die Wasser von einem Topf in einen anderen gießt.

Der Mensch wird liebevoll reden.

18° Ein Mensch, der sich bei aller Arbeit das Leben gemütlich einzurichten weiß. Er wird es nicht zu Reichtum bringen, aber zu Zufriedenheit in Bescheidenheit. Ein sympathischer Mensch, der keiner Fliege etwas zuleide tut; manchmal etwas umständlich.

Duo canes se mutuo mordentes.

¶ Homo inuidiosus erit.

Zwei raufende Hunde.

Der Mensch wird gehässig sein.

19° Ein Mensch, der alles besser wissen und immer recht haben will, ist unnachgiebig. Er kann deshalb auf andere verletzend und zynisch wirken. Er hat Freude an Auseinandersetzungen, ist aber nicht bösartig. Er wirkt gefährlicher, als er tatsächlich ist, und kann im Grunde seines Herzens sogar ein recht gutmütiger Mensch sein.

Ursus retrospiciens.

¶ Homo malivolus erit & iracundus.

Ein Bär, der zurückschaut.

Der Mensch wird übelwollend und jähzornig sein.

20° Ein erdverbundener Mensch, von großer Geduld und Ausdauer, solange man ihn in Ruhe läßt. Wenn man ihn reizt, kann er sehr gefährlich werden. Ansonsten ist er vornehm und liebenswert, strahlt Geborgenheit und Wärme aus. Ein introvertierter Mensch.

Tres viri manibus se tenentes.

¶ Homo erit anicitie.

Drei Männer, die sich die Hand geben.

Der Mensch wird Freunde haben.

21° Dieser Mensch ist für alles Neue aufgeschlossen. Für ihn ist die Welt in ständigem Wandel, er akzeptiert den Lauf des Lebens und läßt sich nicht aus dem Gleichgewicht bringen; ein ruhender Pol.

Homo retro cadens in terram.

¶ Homo infortunatus erit in omnibus.

Ein Mensch fällt rückwärts auf den Boden.

Der Mensch wird in allem unglücklich sein.

22° Dieser Mensch macht es sich oft schwer. Ihm fehlt die Bodenständigkeit, das Vertrauen zu sich selbst. Ihm ist zu raten, sich in der Kunst der kleinen Schritte zu üben.

Homo incurvatus baculo se sustentans.

¶ Homo debilis erit in factis suis.

Ein kranker Mensch, der sich auf einen Stab stützt.

Der Mensch wird schwach in seinen Handlungen sein.

23° Dieser Mensch ist zurückhaltend und läßt sich nicht in sein Inneres schauen. Es fällt ihm schwer, allein und selbständig zu handeln, er nimmt gerne fremde Hilfe in Anspruch. Für ihn wäre es hilfreich, seine Gefühle und Wünsche zu artikulieren, anstatt auf das ›große Wunder‹ einer Hilfe von außen zu warten.

Homo erectus stans cum baculo.

Homo fortis erit in factis suis.

Ein Mensch mit einem Stab, aufrecht stehend.

Der Mensch wird in allem, was er tut, mutig sein.

24° Die Grundhaltung dieses Menschen ist Höflichkeit, die ihn in den Augen seiner Mitmenschen liebenswürdig erscheinen läßt. Er hat viel Energie, aber wenig Selbstvertrauen, will niemand wehtun. Ein Mensch, der Abhängigkeiten liebt.

Homo stans manu monstrans.

Homo pacificus erit.

Ein Mensch, der mit der Hand zeigt.

Der Mensch wird friedfertig sein.

25° Ein Mensch, der sich für untadelig hält, weil er die Normen befolgt, selbständiges Handeln aus Intuition oder Gewissen ist ihm fremd. Die Richtschnur seines Handelns ist die Pflicht und nicht die Liebe, was ihn zum willkommenen Mitglied aller etablierten Parteien und Kirchen machen kann. Ein korrekter Mensch mit einem Hang zu kollektiver Selbstgerechtigkeit.

Ager cum frumento. Als manipoli nō colligati.
¶ Homo diuitias erit colligens.

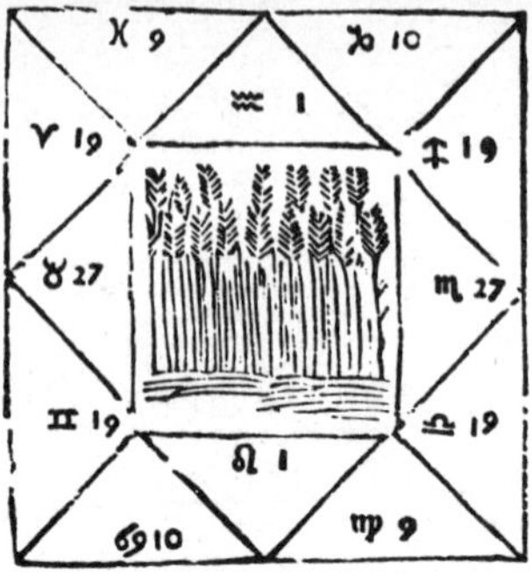

Ein Getreidefeld. Die Ähren sind noch nicht geschnitten.

Der Mensch wird Schätze sammeln.

26° Dieser Mensch liebt die Fülle, den Glanz, den Erfolg nicht als Produkt des Zufalls, sondern als Ergebnis eines erfüllten, arbeitsreichen Lebens. Seine besten Werke werden ihm in der zweiten Lebenshälfte oder im Alter gelingen. Ein Mensch der untergehenden Sonne.

Mulier asinum ducens freno. als vir cum ducens cornibus.
¶ Mulier dominari volens marito.

Eine Frau führt einen Esel am Zügel als führte sie einen Mann an den Hörnern.

Die Frau will den Mann beherrschen.

27° Ein Mensch, der die Sicherheit liebt, seinen Leidenschaften mißtraut und sich auf kein Abenteuer einläßt. Er glaubt, er könnte durch sein Zögern den Lauf der Ereignisse aufhalten, und gerät so in Gefahr, sich selbst und andere zu behindern.

Mulier ducens equum freno.

¶ Homo volens dominari alteri.

Eine Frau führt ein Pferd am Zügel.

Der Mensch will andere beherrschen.

28° Dieser Mensch versucht auf kluge Weise, seine Kräfte einzuteilen. Er wird daher langsam, aber sicher jedes Ziel erreichen. Ein ausgeprägtes Sicherheitsbedürfnis und seine Selbstbeherrschung lassen ihn kein Risiko eingehen. Seine Vorsicht macht ihn oft argwöhnisch.

Structura visu pulchra.

¶ Delectabile significat factum.

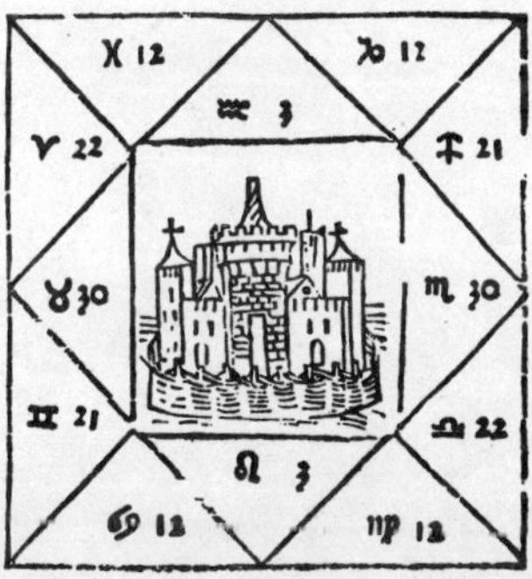

Schöne Bauten.

Bezeichnet eine angenehme Sache.

29° Dieser Mensch besitzt ein ausgeprägtes Sicherheitsbedürfnis. Hängt sehr an materiallen Werten, will sich mit Geld und Gut allein sein Glück aufbauen. Er wendet viel Mühe auf, um zu Besitz zu kommen, und wird ihn auch mit allen Mitteln verteidigen, dabei kennt er keine Rücksicht.

ZWILLINGE ♊

Nach Eroberungsdrang und Besitzstreben bei Widder und Stier tritt im Zeichen Zwillinge der Wunsch nach Kontakt in den Vordergrund. Der Zwilling ist ein Luftzeichen, und sein Planet ist der Merkur. So wie die Luft alle Dinge miteinander verbindet, so lebt der Zwilling-Mensch vom Austausch, dabei geht es ihm nicht um Gefühle, sondern um Meinungen. Seine Neugier und Kontaktfreudigkeit sind unerschöpflich, nur hat er wenig Lust, in die Tiefe zu gehen, weil das seine Entwicklung hemmen würde – glaubt er. Merkur war bei den Alten der Gott der Händler und der Diebe, was sagen will, daß der Zwilling sich leicht beeinflussen läßt, daß er seine Fähigkeiten für Gutes und Böses in gleicher Weise einsetzen kann. In seinem Denken verhält er sich neutral.

Jn pꝛimo gradu geminoꝝ.
Aſcendũt duo viri ſe mutuo ma
nibus tenentes.

¶ Letus erit homo.

Im ersten Grad des Zwilling steigen zwei Männer auf, die sich die Hände halten.

Der Mensch wird fröhlich sein.

0° Dieser Mensch glaubt alles mit Verstand und Willen erreichen zu können, um ein angenehmes Leben zu haben. Statt dessen begegnet er oft dem Leid und fragt sich, warum alles Schöne und Beglückende so schnell vergehen muß. Dieser Mensch lebt in der Dualität von Lebenslust und herben Erfahrungen und wird lernen, damit umzugehen.

Vir unus duos ducens nu
dos viros.

¶ Homo fures erit capiẽs.

Ein Mann, der zwei nackte Männer führt.

Der Mensch wird Diebe fangen.

1° Dieser Mensch glaubt an die Allmacht des Willens, er möchte damit seine Oberflächlichkeit und Unbeständigkeit bezwingen. Das kann in Rechthaberei ausarten. Er gilt als Weltverbesserer, der gerne andere für seine Ziele einsetzt. Verleugnet seine Gefühle.

Homo canens in lutinis.

Homo gaudium faciens hoibus.

Ein Mensch, der auf der Laute spielt.

Der Mensch wird Spaß machen.

2° Ein Mensch, der vieles im Leben überspielt. Er lebt von Bewegung, von Kontakten und Verbindungen mit anderen, liebt die Geselligkeit und die Abwechslung, läßt sich auf nichts und von niemand festlegen, dennoch ein liebenswerter Typus. Ein glänzender Gesellschafter, der leicht Zugang zu anderen Menschen und ihren Problemen findet.

Uir ducens vxorem manu sua.

Hõ bonus erit in hospitalitate cũ aliis.

Ein Mann, der eine Frau an der Hand führt.

Der Mensch wird ein guter Gastgeber sein.

3° Ein Mensch, der sich wohl eher von seinem Verstand leiten läßt als von seinem Gefühl; dies erklärt eine gewisse Ruhelosigkeit. Seine Bindungsschwäche macht ihm dauerhafte Partnerschaften schwer, er hängt sein Herz auch nicht an Dinge, er will immer weiterziehen. Das kann auch eine Vorliebe fürs Reisen sein oder häufiger Berufswechsel.

Hō tenēs sinistra manu balistā: & dextera zonā.

Homo ad bellum se parans.

Ein Mensch, der in der linken Hand eine Armbrust hält und in der rechten einen Gürtel.

Der Mensch rüstet sich zum Kriege.

4° Ein Mensch, der sich rasch für eine Sache begeistern kann, der aber ebenso schnell wieder seine Meinung ändert; braucht viel Abwechslung, ist wankelmütig und inkonsequent, verträgt keine Einschränkungen und bekämpft auch die eigenen Hemmungen, die er durch Willensanstrengung beseitigen zu können glaubt.

Vir dextera manu libram tenens.

Mercator erit.

Ein Mann, der in der rechten Hand eine Waage hält.

Es wird ein Kaufmann sein.

5° Ein Mensch, der seine Ausgeglichenheit in seine berufliche Tätigkeit umsetzen kann. Er läßt Gnade vor Recht ergehen. Sein Gerechtigkeitsempfinden leitet sich nicht von moralischen Normen ab, sondern vom höheren Gesetz des Lebens. Er weiß, daß man weder den Gerechten vom Ungerechten trennen kann, noch den Guten vom Bösen.

Duo sponse manibus cōplicatis.

¶ Homo nuptialis erit.

Zwei Bräute, die sich an der Hand halten.

Der Mensch wird hochgestimmt sein.

6° Ein solcher Mensch wird die Feste feiern, wie sie fallen, und hat Freude am Zusammensein mit anderen. Liebt Harmonie und Schönheit und läßt sich stark von seinen Gefühlen und Stimmungen leiten. Es fällt ihm leicht, neue Liebesbeziehungen anzuknüpfen.

Faber cudit ferrū & mulier stans ociat

¶ Homo laborem fugiens.

Ein Schmied und eine Frau, die untätig dabeisteht.

Der Mensch meidet die Arbeit.

7° Dieser Mensch sucht seine Verwirklichung im »vierten Weg«, der Arbeit, wie er von Gurdjieff dem abendländischen Menschen gezeigt wurde. Ein Weg, der für einen Zwilling besonders schwierig ist, weil er ahnt, daß es einen schmerzvollen Umwandlungsprozeß nötig macht; deshalb will er sich auch gefühlsmäßig darauf nicht einlassen.

Rex sedens pomũ hñs in dextera ⁊ sce
ptrũ in sinistra manu.
Homo potestatẽ habebit.

Ein König, der den Reichsapfel in der rechten und das Zepter in der linken Hand hält.

Der Mensch wird Macht haben.

8° Dieser Mensch ist eine Führernatur, der den Sinn des Zusammenlebens in der hierarchischen Ordnung sieht, in der er gerne anführen möchte. Er mißbraucht jedoch seine Macht nicht, um andere auszunützen; oft ein hilfsbereiter und freundlicher Mensch.

Vir alium eleuans virum a terra.

Homo amicabiliter se cõponens alijs.

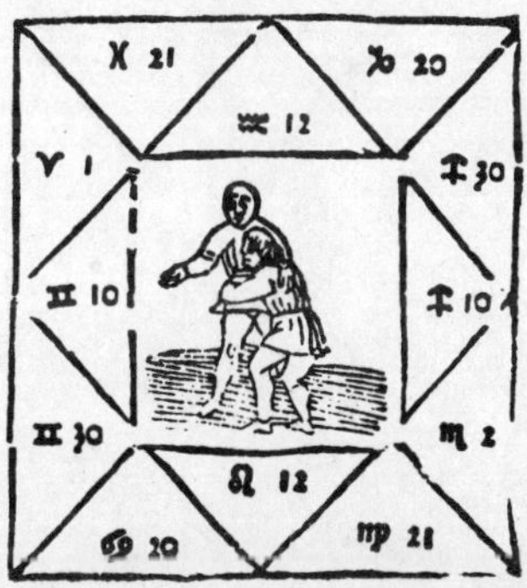

Ein Mann, der einen anderen aushebt.

Ein freundlicher Mensch, der sich mit anderen vergleicht.

9° Dieser Mensch hat wenig Beziehung zu seinem inneren Wesen. Er verliert leicht den Kontakt zur Realität, erlebt alles über den Verstand und verunsichert damit auch andere Menschen in ihren Gefühlen. Auch seine Sexualität spielt sich mehr im Kopf ab. Ein typischer Intellektueller.

Aquila supra tres pullos suos volans.

¶ Homo augurium exercens.

Ein Adler, der über seine drei Jungen die Schwingen hebt.

Der Mensch möchte ein Wahrsager sein.

10° Ein Mensch mit hohen Idealen und oft ungestillter Abenteuerlust. Er fühlt sich verantwortlich für seine Taten und handelt deshalb nicht leichtfertig. Ein Beschützer der Schwachen und Hilflosen.

Due mulieres stantes et flentes.

¶ Homo tristis erit.

Zwei Frauen, die weinen.

Der Mensch wird traurig sein.

11° Diese Menschen haben Schwierigkeiten mit ihrem Gefühlsleben, unglückliche Liebe, häufiger Partnerwechsel oder der Wunsch nach einer Doppelbeziehung sind keine Seltenheit. Sie müssen immer wieder erfahren, daß Reichtum und Aussehen allein noch nicht glücklich machen.

Tres corui simul in terra stantes.

¶Homo inuidus erit & auarus.

Drei Raben am Boden.

Der Mensch wird neidisch und habgierig sein.

12° Dieser Mensch hat ein starkes Mitteilungsbedürfnis. Er ergötzt sich an den Fehlern der Mitmenschen und kann stundenlang darüber herziehen. Wenn er seinen Darstellungsdrang zügeln lernt, ein scharfsinniger Kritiker, sonst eher der Typ des Boulevardreporters.

Duo vulpes gallinas comedentes.

¶Homo gulosus erit & auarus.

Zwei Füchse, die Hühner verzehren.

Der Mensch wird gefräßig und habgierig sein.

13° Dieser Mensch glaubt, die Wahrheit durch Schlauheit ersetzen zu können. Er versucht zu täuschen und wird selbst oft enttäuscht werden. Er will auf Kosten der Ideen anderer leben. Sokrates hat einmal gesagt: »... und wie recht hatte ich damit.«

Homo ſeptem habens capita.

¶ Homo multos habens ſenſus.

Ein Mensch mit sieben Köpfen.

Der Mensch wird viele Ideen haben.

14° Ein Mensch, der scheinbar aus reiner Vernunft handelt. Für ihn gibt es nur rationale Erklärungen. Es muß alles einen Namen haben, auch wenn er nicht weiß, was es bedeutet. Hartnäckig verfolgt er seine Ziele und läßt keine Einwände gelten.

Pons vltra aquas.

¶ Homo laborans ſine fructu.

Eine Brücke über ein Wasser.

Der Mensch wird erfolglos arbeiten.

15° Ein Mensch, der die Anlage hat, Gegensätze zu harmonisieren. Er stellt Kontakte zwischen den unterschiedlichsten Menschen her. Sein ausgeglichenes Wesen wird ihm viel Glück, aber wenig Geld bringen. Er wird im Leben seine Ideale mit seinen Taten verbinden, ein beneidenswerter Mensch.

Homo sine manibus stans ociosus.

¶ Homo nullius vtilitatis erit.

Ein Mensch ohne Hände.

Der Mensch wird zu nichts nützlich sein.

16° Ein Mensch, der sich nur schwer zum Handeln durchringen kann und oft vergißt, daß die Freiheit nicht geschenkt wird, sondern genommen werden muß. Ein Mensch, der wartet, daß andere für ihn handeln.

Vulpis velociter currens.

¶ Homo semꝑ laborās erit.

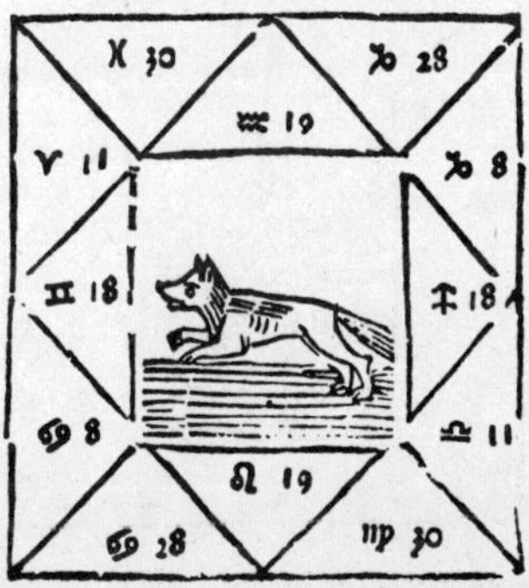

Ein Fuchs, der schnell läuft.

Der Mensch wird immer arbeiten.

17° Dieser Mensch sucht sich seine Kontakte mit Berechnung und betrachtet auch den Partner als guten Fang. Geduld und Intelligenz zeichnen ihn aus, so daß er scheinbar unerreichbare Ziele erringen kann.

Homo miser baculum ferens.

¶ Viator erit.

Ein ärmlicher Mensch, der einen Stab trägt.

Es wird ein Wanderer sein.

18° Ein unruhiger Mensch, der die Veränderung liebt. Groß ist seine Lust zum Reisen und Sammeln neuer Eindrücke. Er braucht immer neue Anregungen und Kontakte. Der ewig Suchende.

Serpentes tres in terra prostrati.

¶ Homo erit sapiens.

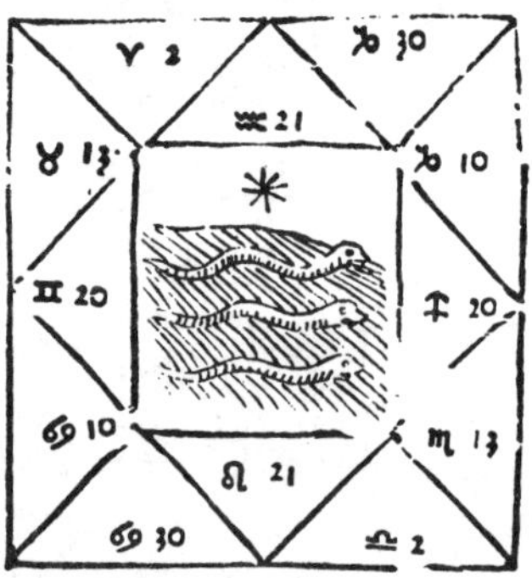

Drei Schlangen, die am Boden liegen.

Der Mensch wird weise sein.

19° Ein Mensch, der seinen Gefühlen und seiner Sexualität mißtraut. Er versucht sein Leben zu planen. Er sollte lernen, daß es keinen Weg gibt, der an den Gefühlen vorbeiführt. Nur wenn er seine Triebnatur akzeptiert, kommt seine Energie in Fluß.

Homo in equo sedens.

Homo cliens erit.

Ein Mensch auf einem Pferd.

Der Mensch wird Diener sein.

20° Ein Mensch mit Energie und Tatkraft. Doch kommt bisweilen Unentschlossenheit auf, die auf sein Handeln lähmend wirken kann. Er sollte mehr Vertrauen in sich und seine Pläne setzen und sich nicht schon im vorhinein für die Folgen seiner Handlungen entschuldigen.

Due aues colloquiũ simul habentes

Auceps erit.

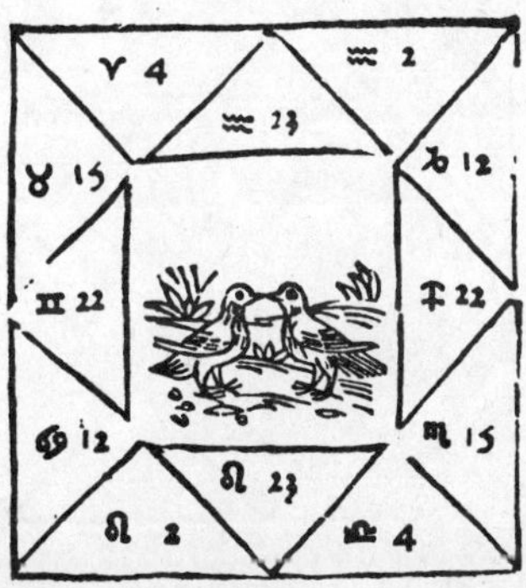

Zwei Vögel, die sich unterhalten.

Es wird ein Vogelfänger sein.

21° Ein Mensch, der gerne Gedanken und Gefühle austauscht, mit Neigung zur Oberflächlichkeit; mehr Liebelei als Liebe. Ein fröhlicher und beliebter Mensch, der schnell Kontakt findet und immer wieder neue Verbindungen und Freundschaften sucht.

Homo decrepitus ſuſtentans ſe baculo

¶ Homo miſer erit ⁊ ocioſus.

Ein alter Mann, der sich auf einen Stab stützt.

Der Mensch wird ärmlich und untätig sein.

22° Dieser Mensch ist innerlich zerrissen. Seine Gedanken sind widersprüchlich, und er hat kein klares Ziel. Deshalb wird er es im Leben schwerhaben, auch seine Gefühlswelt kann chaotisch sein.

Due mulieres ſimul in letitia ſedẽtes.

¶ Homo letus erit.

Zwei Frauen, die fröhlich beisammensitzen.

Der Mensch wird fröhlich sein.

23° Dieser Mensch lebt nach dem Motto: Nimm's leicht. Spiel und Bewegung sind für ihn sehr wichtig, doch läßt er sich stark von seinen Gefühlen beherrschen, er ist ein Spielball seiner Launen, liebt Blumen und bunte Kleider und interessiert sich für alles Schöne in Kunst und Natur, neigt aber zur Oberflächlichkeit.

Homo manu librum tenens apertum.

¶ Homo studiosus erit.

Ein Mensch, der ein offenes Buch in den Händen hält.

Der Mensch wird gelehrt sein.

24° Dieser Mensch ist meist hochintelligent und wißbegierig. Er orientiert sich gern an der Meinung anderer, wird aber selbst geistig neutral bleiben, hat gute Chancen in allen Berufen, die mit den Medien zu tun haben.

Duo canes se mutuo mordentes.

¶ Homo litigiosus erit.

Zwei raufende Hunde.

Der Mensch wird streitsüchtig sein.

25° Ein gutmütiger Mensch, der gefährlicher scheinen möchte, als er tatsächlich ist. Vor ihm braucht man keine Angst zu haben, auch wenn er Zornesausbrüche hat. Er liebt verbale Auseinandersetzungen, den Disput und die Diskussion.

Mulier ociosa stans ⁊ flens.

¶Homo vagabuudus erit.

Eine Frau, die weint.

Der Mensch wird unbeständig sein.

26° Ein Mensch, der eher depressiv ist, weil er zuweilen merkt, daß das Bild, das er von sich hatte, nicht mehr stimmt. Seine Identität bekommt dann einen Sprung, weil er die Wahrheit über sich selbst nicht annehmen will. »Scherben bringen Glück«, heißt es im Volksmund. Manchmal müssen die Vorstellungen vom Ich zusammenbrechen, damit der Mensch sein wahres Selbst finden kann.

Duo thauri vnus maior altero.

¶Homo laboriosus erit.

Zwei Stiere, einer größer als der andere.

Der Mensch wird arbeitsam sein.

27° Ein Mensch, der bei aller Arbeit seine Freiheit nie ganz aufgeben wird. Seine Kreativität und Vitalität wird er nie vollständig im Beruf einsetzen. Er will das Leben genießen, daher lebt er nicht, um zu arbeiten, sondern arbeitet, um zu leben.

Canes tres simul ecõtrario currentes.

¶ Venator nobiliuꝫ erit.

Drei Hunde, die in verschiedene Richtungen laufen.

Es wird ein herrschaftlicher Jäger sein.

28° Ein Mensch, der nicht weiß, was er will. Er hat keine Zeit, sich um seine Gefühle zu kümmern, weil er immer beschäftigt ist, immer Gesellschaft braucht und die Abwechslung liebt. Es fällt ihm schwer, seine Mitte zu finden. Er muß lernen, es mit sich allein auszuhalten.

Duo viri quilibet canē ducens laqueo.

¶ Venator principum erit.

Zwei Männer, von denen jeder einen Hund an der Leine führt.

Es wird ein fürstlicher Jäger sein.

29° Dieser Mensch versucht seine Triebe intellektuell zu zügeln, es fällt ihm schwer zu akzeptieren, daß jedes Gefühlsleben Freiheit voraussetzt. Alles, was ein Mensch zwanghaft tut, wird sich einmal rächen.

KREBS ♋

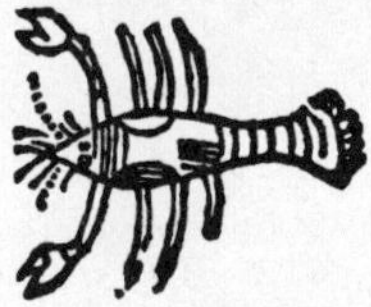

Er gehört zu den Wasserzeichen, sein Planet ist der Mond. Weil das Wort ›Laune‹ vom lateinischen luna, der Mond, kommt, wird niemand über die Launenhaftigkeit und das schwankende Seelenleben des Krebs-Menschen überrascht sein. Im Krebs erschließt sich die Innenwelt, ihm entspricht alles Unbewußte, das Gefühl, die Frau und Mutter, das Volk. Der Krebs-Geborene ist passiv, empfangend, entwickelt wenig Eigenständigkeit, macht eher gern mit anderen mit. Ihm, wie allen Wasserzeichen, ist nichts so wichtig wie persönliche Beziehungen und menschliche Werte. Sie opfern alles, um Beziehungen zu erhalten, und produzieren jede Art von Krise, selbst zum eigenen Nachteil, nur um im Partner eine Gefühlsreaktion auszulösen.

Aſcendit vir ⁊ mulier manibus iuncti ſimul letantes

Homo letus erit atq; amabilis

Es steigen auf ein Mann und eine Frau, die sich fröhlich die Hand geben.

Der Mensch wird fröhlich und liebenswürdig sein.

0° Dieser Mensch reagiert mehr auf die Umwelt, als daß er aktiv tätig wäre. Er ist von seiner seelischen Stimmung stark abhängig und hat die Fähigkeit, sich anzupassen, Gefühle und Gedanken anderer aufzugreifen und sie als seine eigenen auszugeben. Das kann zu Überheblichkeit und Eitelkeit führen, auch dazu, daß er alle Liebe, die er anderen entgegenbringt, doppelt zurückverlangt. Seine scheinbare Selbstlosigkeit ist bisweilen gefährlicher als offener Egoismus.

Mulieres due vacantes: ſimul vt turres ſtantes

Homo ocioſus erit

Zwei ledige Frauen, die festgefügt wie ein Turm dastehen.

Der Mensch wird untatig sein.

1° Dieser Mensch hat ein wirkungsvolles Auftreten, strahlt aber wenig Herzlichkeit aus. Erweckt den Eindruck von Standhaftigkeit und Geradlinigkeit, ist aber gehemmt und kann seine Gefühle nicht äußern, auch kontaktscheu. Er sollte lernen, auf andere zuzugehen.

Due mulieres ſedentes: ⁊ duo viri ante eas ſtantes
¶ Homo alteri ſeruiens ad placitū

Zwei sitzende Frauen und zwei Männer, die vor ihnen stehen.

Der Mensch wird dem anderen zu Gefallen sein.

2° Ein Mensch, der gute Freunde braucht, um sein Selbstbewußtsein zu stärken. Allerdings wird er die Freundschaften oft wechseln; ein guter Gesellschafter und gerngesehener Gast.

Virgo ſtans ocioſa virū expectans

¶ Homo libidinoſus erit

Eine junge Frau, die einen Mann erwartet.

Der Mensch wird ausschweifend sein.

3° Ein Mensch, der wenig Eigeninitiative entwickelt und lieber wartet, bis andere ihn brauchen. Er liebt Unabhängigkeit und persönliche Freiheit, auch in der Liebe. Wenn er handelt, dann immer gefühlsmäßig. Wartet auf die große Liebe!

Mulier stans virum expectans

¶Homo luxuriosus erit

Eine Frau, die einen Mann erwartet.

Der Mensch wird anspruchsvoll sein.

4° Ein sympathischer Mensch, der starken Gefühlsschwankungen ausgesetzt ist. Er hängt sehr stark an seiner Heimat oder auch an seinem Wohlleben. Läßt sich oft von Vorbildern leiten und kann sich selbst schwer entscheiden. Erwartet von anderen die Lösung seiner Probleme.

Uir capram tenēs in olla et ea

¶Homo fatuus erit

Ein Mann und ein Ziegenbock in einem Kessel.

Es wird ein Sonderling sein.

5° Dieser Mensch verbirgt seine Gefühle aus Angst vor der Umwelt. Er fürchtet nicht geliebt zu werden, wenn er sich so gibt, wie er wirklich ist. Hat Schwierigkeiten mit dem anderen Geschlecht. In Zeiten der Not zieht er sich gerne zurück in die Geborgenheit seines Hauses. Er sucht mütterliche Liebe.

¶ Vir capram ducens cum zona

¶ Carnifex erit

Ein Mann, der einen Ziegenbock an einem Gürtel führt.

Es wird ein Peiniger sein.

6° Ein eigenwilliger Mensch, der oft wenig Verständnis findet. Er wird sich aber im Leben durchsetzen, weil er Wesentliches von Unwesentlichem zu unterscheiden weiß. Er läßt sich nicht in die herkömmlichen Moralvorstellungen einordnen, wirkt exzentrisch und fällt immer aus dem Rahmen.

Mulier post domū stans se abscondens

¶ Homo piger erit atq; lasciuus

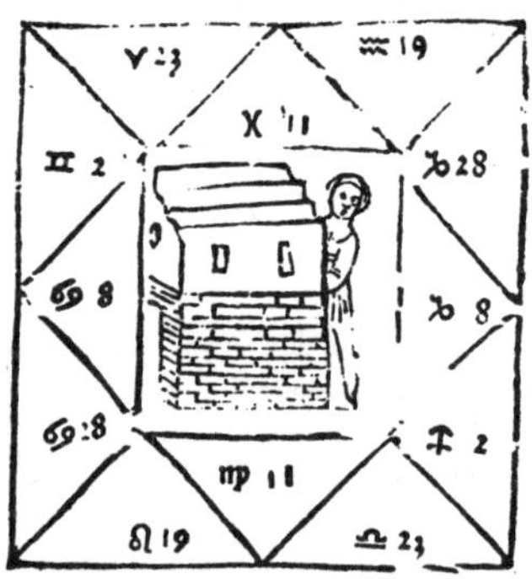

Eine Frau, die sich hinter einem Haus versteckt.

Der Mensch wird faul und wollüstig sein.

7° Dieser Mensch zieht sich gern in sein Schneckenhaus zurück, zur Familie, aber auch zu seinen verborgenen Gelüsten. Er weicht vor jedem offenen Wort zurück und hat eine Tendenz zur Selbstbestrafung und zur Lethargie.

Mulier tenēs fusum in manu dextera.

¶Homo laboriosus erit

Eine Frau, die einen Spinnrocken in der rechten Hand hält.

Der Mensch wird arbeitsam sein.

8° Ein Mensch, der sich Geld und Arbeit zum Lebensinhalt gemacht hat. Er ist fleißig und tüchtig und weiß, wo man sein Geld verdienen kann. Der typische Handwerker, der nicht von Aktien, sondern von seiner Hände Arbeit lebt.

Vir tenēs cistam in manu dextera.

¶Homo laboriosus erit

Ein Mann, der eine Kassette in der rechten Hand hält.

Der Mensch wird arbeitsam sein.

9° Ein Mensch, der sehr verschlossen ist und seine Gefühle nicht zeigen kann. Er ist leicht beeinflußbar und in seinen Handlungen oft unberechenbar. Seine Vergangenheit trägt er demonstrativ mit sich herum und tut sich dabei schwer, innerlich erwachsen zu werden.

Nauis stans in aquis

¶ Piscator erit

Ein Schiff im Wasser.

Es wird ein Fischer sein.

10° Ein Mensch, der sich von geistigen Werten und hohen Idealen leiten läßt, ohne dabei die Wirklichkeit zu vergessen. Er ist unternehmungslustig und liebt das Risiko und Abenteuer, so daß seine Jugend sehr stürmisch verlaufen kann, mit Schwierigkeiten im Berufsleben. Er wird besonders in der ersten Lebenshälfte viel reisen.

Homo cutē aīalis ferēs in humero

¶ Cerdo erit

Ein Mensch, der ein Fell auf der Schulter trägt.

Es wird ein Sautreiber sein.

11° Ein Mensch, dem sein Beruf wichtig ist und der es darin zu Wohlstand und Ansehen bringen kann, vielleicht als erfolgreicher Geschäftsmann, der keine Rücksicht nimmt, wenn es um seinen Gewinn geht. Besonders wenn es sich um seine Kinder handelt, wird er deren Rechte kompromißlos verteidigen.

Puer sedēs librū tenens apertum cū calamo

¶ Homo studiosus erit

Ein Knabe, der ein offenes Buch hält und eine Rohrfeder.

Der Mensch wird gelehrt sein.

12° Ein Mensch, der nicht methodisch lernt, sondern intuitiv. Er will gern umsorgt werden und bleibt unselbständig, hat rege Phantasie und künstlerische Fähigkeiten. Ist sehr sensibel und braucht einen Ort der Kraft, um sich entfalten zu können, was meist eine liebliche Landschaft mit Hügeln und Seen sein wird.

Agnus coronā hñs aureā in capite suo

¶ Aurifaber erit

Ein Lamm mit einer goldenen Krone auf dem Kopf.

Es wird ein Goldschmied sein.

13° Ein religiöser Mensch, der auf seine Umwelt Ruhe und Frieden ausstrahlt. Er ist empfindsam, verträumt, geduldig. Das kann bis zur Selbstaufgabe gehen, auch indem er versucht, sein Bewußtsein dem kosmischen Rhythmus anzugleichen. In ihm ist die Sehnsucht vieler Menschen, die von einer Zeit des Friedens träumen, in der ›das Lamm beim Wolf lagert‹.

Rex muriū sub tecto iacens in nido

¶ Homo domi manere cupiens

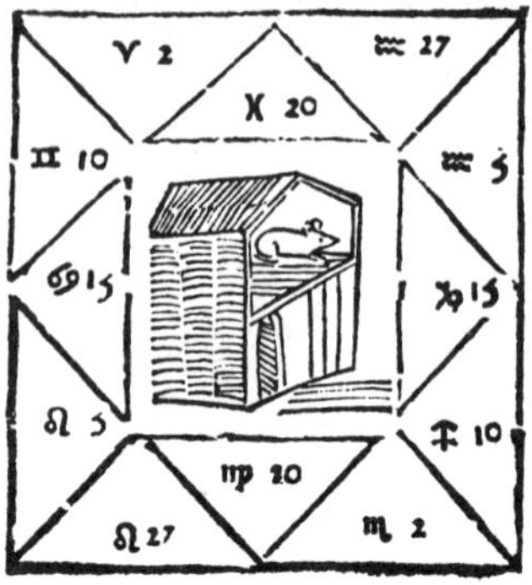

Der König der Mäuse liegt unter dem Dach im Nest.

Ein Mensch, der zu Hause bleiben will.

14° Ein Mensch, der nicht zu seinen Wünschen und Gefühlen steht. Er tritt auch nicht gern in der Öffentlichkeit in Erscheinung und versteht es nicht zu kämpfen. Er nimmt sich lieber still und heimlich, was er braucht. So kann er auf eine subtile Art und Weise andere ausnützen und wirkt dabei genügsam und bescheiden.

Auis pedibus serpentē tenens

¶ Homo gaudens erit

Ein Vogel, der eine Schlange mit den Füßen hält.

Der Mensch wird Freude haben.

15° Ein Mensch, der zerrissen ist zwischen seinen Leidenschaften und seinen hohen Idealen. Sein Charakter ist großen Schwankungen unterworfen, und er ist zu den niederen Gefühlsregungen genauso fähig wie zur selbstlosen Liebe.

Mulier stans ociosa

Homo piger erit

Eine Frau steht untätig da.

Der Mensch wird faul sein.

16° Ein kunstliebender Mensch mit idealistischer Gesinnung, liebt ein schönes Heim mit geschmackvoller Einrichtung. Ist meist musikalisch oder hat andere künstlerische Interessen. Ein taktvoller Charakter.

Duo mulieres simul in alea ludentes

Homo gaudens erit

Zwei Frauen beim Würfelspiel

Der Mensch wird Freude haben.

17° Ein Mensch, der den Zufall gewähren läßt. Er wird immer das tun, was er gefühlsmäßig für richtig hält. Er spürt intuitiv Zusammenhänge, so daß für ihn alles Zufall ist, weil jedem Menschen das zufällt, wofür er reif ist.

Vir cuspidem habens in dextera manu & fistulam in sinistra
¶ Hystrio erit

Ein Mann, der in der rechten Hand einen Spieß und in der linken eine Flöte trägt.

Er wird aufgeregt sein.

18° Ein künstlerischer Mensch, der es versteht, seine Kreativität in Geld umzusetzen. Ein musischer Erfolgsmensch. Er wird immer gefeiert und geachtet sein und die Menschen mit seinem Können erfreuen.

Canis sedens in curru

¶ Homo piger erit

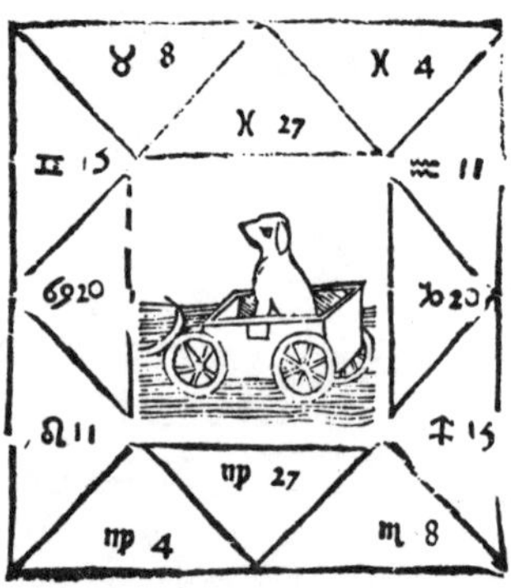

Ein Hund, der in einem Karren sitzt.

Der Mensch wird faul sein.

19° Ein bequemer Mensch, der sich von anderen mitreißen läßt, selbst aber nicht bereit ist, viel herzugeben. Er kann sich jeder Situation anpassen und ist immer auf seinen Vorteil bedacht. Das kann zu diplomatischem oder unehrlichem Verhalten führen.

Currus stans vacuus

Homo in vanitate erit

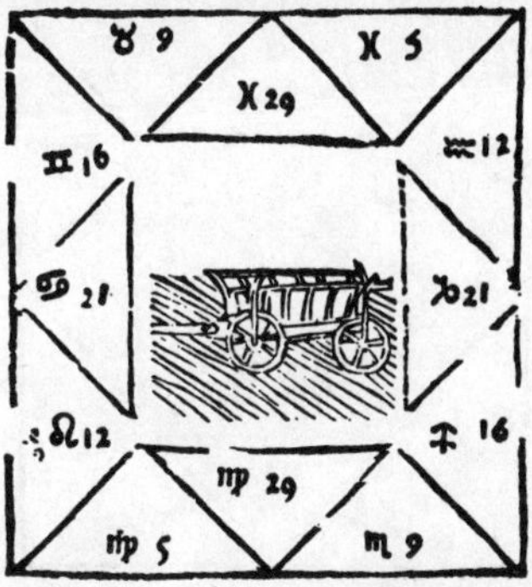

Ein leerer Wagen.

Der Mensch wird Mißerfolg haben.

20° Ein Mensch mit vielen ungenutzten Fähigkeiten. Seine Unentschlossenheit hält ihn immer wieder vom erfolgreichen Handeln ab. So manche Abenteuer erlebt er nur im Kopf. Er bevorzugt die Zurückgezogenheit und scheut sich, ins aktive Leben einzutreten.

Vir stans ociosus

Homo piger erit

Ein untätiger Mann.

Der Mensch wird faul sein.

21° Ein intuitiver Mensch, der sich eins fühlt mit der Schöpfung. Für ihn gibt es keine getrennten Dinge, keine Nebensächlichkeiten, keine Zufälle, keinen Unterschied zwischen einer Meereswelle und der Milchstraße. Ein Mensch, der sensibel, aber auch launenhaft sein kann.

Aqua fluens

¶ Homo instabilis erit

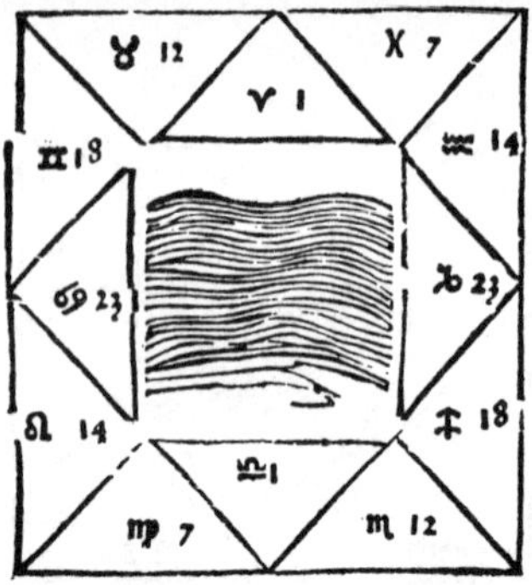

Fließendes Wasser.

Der Mensch wird wankelmütig sein.

22° Ein Mensch voll jugendlichen Tatendrangs, ihm steht die Welt offen. Seine Gefühle sind unverbildet, und er sagt arglos, was er denkt. Er kann bisweilen ungeduldig sein und wird seine Ansichten oft wechseln. Für ihn beginnt das Leben jeden Tag neu. »Die Menschheit ist ein Fluß des Lichtes, der aus der Endlichkeit in die Unendlichkeit fließt.« (Gibran)

Equus vnus super alium saltans

¶ Hō sup aliū cupiens eleuari in dignitate.

Ein Pferd, das ein anderes bespringt.

Ein Mensch, der danach strebt, in Ehrenstellungen aufzusteigen.

23° Ein Mensch mit Dominanzbedürfnis, was sich in allen Lebensbereichen auswirken kann, so auch in Liebe, Sexualität und Partnerschaft. Sein Hang zum Bemuttern oder Bevatern ist sehr ausgebildet.

Equus libere currens in campo

¶Homo instabilis erit

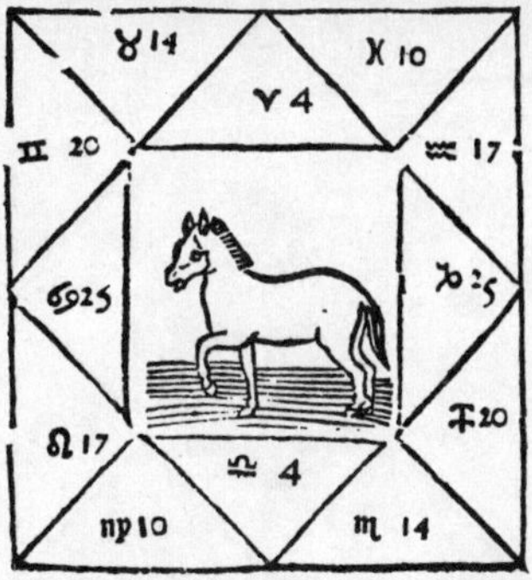

Ein Pferd, das frei im Felde läuft.

Der Mensch wird wankelmütig sein.

24° Ein Mensch, der Normen und Konventionen durchbricht. Er gilt als unberechenbar, exzentrisch und schockiert bisweilen seine Umwelt. Er lebt nach seinen Launen, weshalb sich sein Leben sehr abwechslungsreich gestalten kann. Sein Eigensinn macht eine Zusammenarbeit mit anderen schwierig.

Aqua fluens ex montibus

¶Homo nobilis erit

Ein Wasser, das aus den Bergen fließt.

Der Mensch wird vornehm sein.

25° Ein belebender und erfrischender Mensch, der in allem das Beste sieht, für ihn gibt es keine Resignation. Er sieht auch dort noch einen Ausweg, wo andere verzweifeln, noch im Alter ist sein Herz jung, mit ihm zusammenzusein ist für viele ein Geschenk.

Equus frenatus

¶ Homo in seruitute existens

Ein gezäumtes Pferd.

Der Mensch wird in Abhängigkeit leben.

26° Ein Mensch, der sein Schicksal akzeptiert und mit Würde trägt, sich nicht aus der Ruhe bringen läßt, auch nicht in schwierigen Situationen. Er bleibt immer gefaßt und beherrscht, auf ihn kann man sich verlassen, er paßt sich jeder Situation an.

Duo viri sub arbore sedētes et auem
in arbore videntes
¶ Homo ociosus erit

Zwei Männer, die unter einem Baum sitzen und einen Vogel im Baum sehen.

Der Mensch wird untätig sein.

27° Ein Mensch, der sich viele Gedanken macht über Gott und die Welt. Ein Charakterzug kann seine Bequemlichkeit sein, so daß er mehr für Träumereien als für aktives Handeln zu haben ist. Er baut sich gerne Luftschlösser.

Homo suspensus in patibulo

¶ Fur erit

Ein Gehenkter am Galgen.

Es wird ein Dieb sein.

28° Dieser Mensch wird im Leben viele Schwierigkeiten haben. Er muß sich meist allein durchschlagen und kann wenig Hilfe von anderen erwarten. Er wird aber trotz aller Prüfungen den Weg zum inneren Gleichgewicht finden können, wenn er nicht aufgibt.

Nauis in aqua fluens

¶ Nauta erit aut piscator

Ein Schiff im fließenden Wasser.

Es wird ein Schiffer oder Fischer sein.

29° Ein Mensch, dessen Leben stürmisch verlaufen wird. Zwar ist seine Sehnsucht nach Ruhe, Geborgenheit und Liebe groß, aber er wird immer wieder in neue Krisen geworfen, bis er es lernt, sein Leben in die Hand zu nehmen.

LÖWE ♌

Dem Feuerzeichen Löwe ist die Sonne zugeordnet. Das zeigt sich im Charakter eines Löwe-Menschen: Er strahlt, ohne müde zu werden. Seine Lebenskraft scheint unbegrenzt zu sein, daher muß er mit seinen Kräften nicht haushalten. Seine Grundhaltung ist der Wille zur Macht, und er erreicht dieses Ziel nicht durch Aktivitäten, sondern durch seine Ruhe und Kraftansammlung. Im Altertum galten die drei Feuerzeichen als die vornehmsten Zeichen. Der Widder hatte als Krieger für Eroberungen und Frieden zu sorgen, der Löwe war König und Herrscher über das Volk, und der Schütze war das Zeichen des Priesters. Eine heute für uns suspekte Dreieinigkeit von Militär, Regierung und Kirche, von der wir hoffen, daß sie im Wassermann-Zeitalter überlebt ist.

Ascendit vir tenens caput leonis in manu dextera.

Homo fortis erit.

Es steigt ein Mann auf, der einen Löwenkopf in seiner rechten Hand hält.

Der Mensch wird tapfer sein.

0° Ein Mensch, der an sich selbst glaubt. Er ist weder hochmütig noch zu bescheiden. Er übt auf andere keinen Zwang aus, sondern weiß, daß er allein durch sein Dasein wirkt. Er beeindruckt seine Umwelt nicht durch Macht, sondern durch seine Ausstrahlung. Er ist stark, weil er zu sich selbst steht.

Nauis vna parte inclinata in aquam.

Hom dissortunatus erit in aquis.

Ein Schiff, das teilweise im Wasser liegt.

Der Mensch wird Unglück im Wasser haben.

1° Ein Mensch, der das Leben liebt. Hindernisse sind für ihn da, um überwunden zu werden. Sein persönlicher Mut geht oft bis zur Tollkühnheit und Todesverachtung.

Uir ſedens in ſcabello triſtis.

Triſtis erit homo.

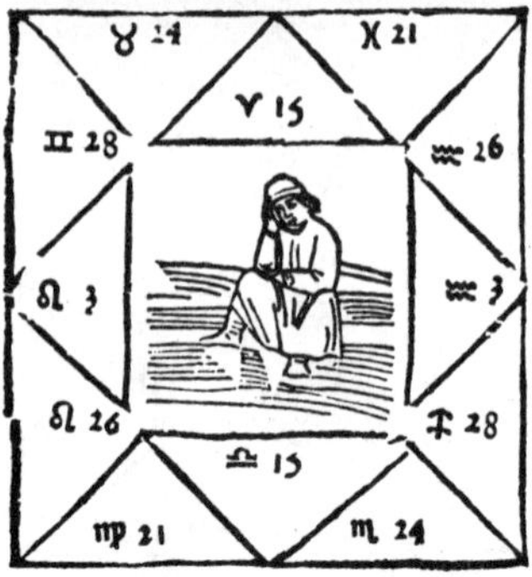

Ein Mann, der traurig auf einer Bank sitzt.

Der Mensch wird traurig sein.

2° Dieser Mensch trauert der Vergangenheit nach und läßt sein wirkliches Leben oft ungenützt verrinnen. Sein Selbstbewußtsein ist schwach, er überschätzt seine Mitmenschen und erwartet von ihnen Lösungen für sein Leben, anstatt selbst Taten zu setzen. Verbeuge dich nie vor einem lebenden Menschen!

Piſcis natans in aquis.

Homo prudens ⁊ aſtutus erit quem afficiũt magnati.

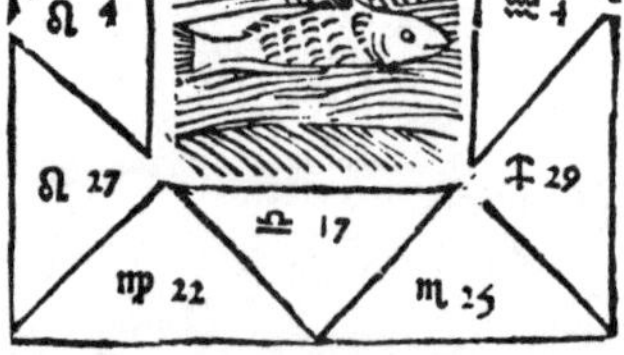

Ein Fisch, der im Wasser schwimmt.

Der Mensch wird klug und listig sein, was ihm großen Erfolg einbringt.

3° Ein religiöser Mensch, der seinen Glauben aus dem Leben bezieht. Alles Unbekannte, Geheimnisvolle, Mystische zieht ihn an. Er redet wenig davon, aber sein ganzes Leben ist tätige Religion.

Serpens tortuose iacens in terra.

¶Homo inuidus erit.

Eine Schlange, die gewunden auf der Erde liegt.

Der Mensch wird neidisch sein.

4° Ein kluger Mensch, der weiß, daß, wer der Wahrheit zuhört, nicht geringer ist als der, der die Wahrheit ausspricht. Er ist der geborene Philosoph, der nicht neue Ideologien verbreitet, sondern die Geheimnisse des Lebens ergründen will; hat ein Gespür für Träume und Mythen.

Vir tenēs gladiū euaginatū manu sua dextera.

¶Homo litigiosus alijs resistere volēs.

Ein Mann, der ein gezogenes Schwert in seiner rechten Hand hält.

Ein streitsüchtiger Mensch, der anderen Widerstand leisten will.

5° Ein freiheitsliebender Mensch, der sich seine Unabhängigkeit von niemandem rauben läßt. Trotzdem ist er besonnen, er liebt klare Entscheidungen und erwartet sie auch von anderen. Ein ehrlicher Verhandlungspartner.

Uir equitans leonem.

¶ Fortis erit viribus ⁊ vir sapiens.

Ein Mann, der auf einem Löwen reitet.

Ein starker und kluger Mann.

6° Ein energiegeladener Mensch, der sich jedoch seiner Stärke nicht immer bewußt ist. Er wird allen mißlichen Lagen im Leben widerstehen und seine Freiheit und seinen unabhängigen Geist behaupten. Groß ist auch sein persönlicher Mut und seine Liebe zum Herrschen. Er ist sehr leidenschaftlich, aber leicht beeinflußbar. Er sollte seine Größe nicht von gesellschaftlicher Zuneigung ableiten, sondern sich der eigenen Fähigkeiten bewußt werden.

Flāma ignis laborat in igne

¶ Homo laborans erit cū igne.

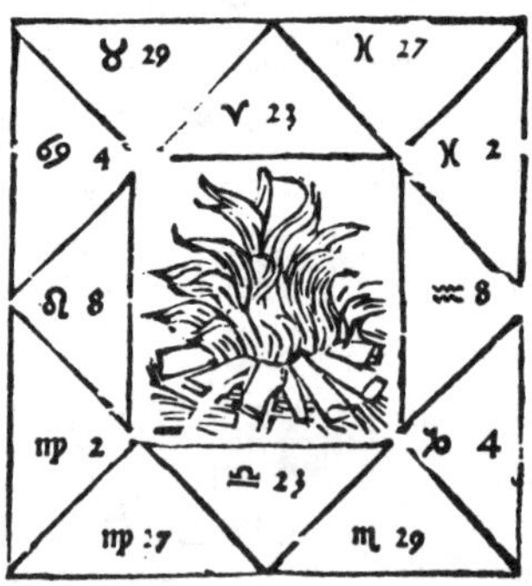

Ein loderndes Feuer.

Ein Mensch, der mit Feuer arbeitet.

7° Die Bedeutung dieses Menschen liegt nicht in dem, was er erreicht, sondern in dem, was er zu erreichen sehnt. Ein Mensch, der von allem Nebensächlichen gereinigt wird und sich immer mehr dem Wesentlichen nähert: der Liebe. »Unruhig ist unser Herz, bis es Ruhe findet bei dir, o Gott«, sagt Augustinus.

Uir ornatus ac bene vestitus.

¶ Homo superbus erit &c.

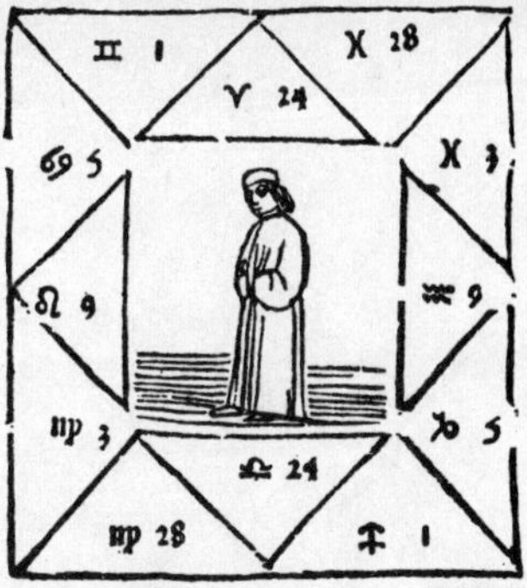

Ein schmuckbehangener, gutgekleideter Mann.

Der Mensch wird stolz sein.

8° Ein Mensch, der sein Leben in vollen Zügen genießt und die Arbeit gern anderen überläßt. Er möchte immer im Mittelpunkt stehen und umschwärmt werden.

Mors stans falcastrũ hñs in manibus suis.

¶ Interfector erit.

Der Tod mit der Sense in der Hand.

Es wird ein Mörder sein.

9° Ein Mensch mit viel Energie, dem aber bei seinen Handlungen ständig die Vergänglichkeit aller Dinge vor Augen steht. Seine eigene Vitalität sollte ihn lehren, daß der Sinn des Lebens das Leben ist.

Mulier stans denudans ventrem.

Homo impudicus erit.

Eine Frau, die ihren Bauch entblößt.

Der Mensch wird unzüchtig sein.

10° Ein leidenschaftlicher Mensch mit starker sexueller Anziehung und Ausstrahlung. Verliebtsein und Sinnesfreuden sind sein Lebensinhalt.

Mulier bene ornata ac formosa.

Homo pudicus erit atq; castus.

Eine schöne und gutgekleidete Frau.

Der Mensch wird keusch und fromm sein.

11° Ein Mensch, der sich seiner körperlichen Reize bewußt ist und sie gezielt einzusetzen versteht. Vergnügen und Gesellschaft sind für ihn wichtig. In der Liebe wird er unbeständig sein. Er will auf der sozialen Stufenleiter aufsteigen, um Schönheit und Reichtum genießen zu können.

Thaurus in pascuis stans.

¶ Homo stabilis erit in factis suis.

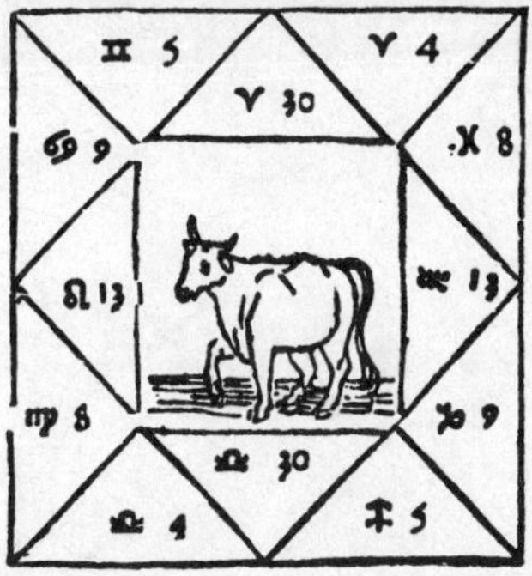

Ein Stier auf der Weide.

Der Mensch wird entschlossen sein in allem, was er tut.

12° Dieser Mensch lebt stark aus seiner Sinnlichkeit. Sie ist jedoch eingebettet in den Rahmen der Ehe und Familie. Für Seitensprünge ist er nicht zu haben. Ein Befürworter der traditionellen Familienstruktur.

Vir stans ociosus.

¶ Ociator erit.

Ein untätiger Mann.

Ein Müßiggänger.

13° Dieser Mensch läßt lieber andere arbeiten. Er liebt die Ruhe in der Sommerhitze und stellt an das Leben keine allzu großen Ansprüche, solange man ihn nicht stört. Ein Lebenskünstler.

Canis in graminibus iacens aut leo.

Homo fortis erit.

Ein Hund, der kämpft wie ein Löwe.

Der Mensch wird mutig sein.

14° Selbstbewußtsein und Stolz zeichnen diesen Menschen aus, ebenso die Selbstsicherheit, mit der er sein Leben meistert. Er liebt große Auftritte, und sehr oft hat er gute schauspielerische Fähigkeiten. Er tritt nicht auf, er ist einfach da. Seine natürliche Autorität versteht er klug einzusetzen.

Asinus frenatus.

Homo indisciplinatus erit.

Ein gezäumter Esel.

Der Mensch wird unordentlich sein.

15° Die wichtigsten Dinge, die ein Mensch lernen muß, kann ihm kein anderer beibringen. Das weiß dieser Mensch nicht, deshalb steht er untätig herum und wartet auf den Guru, der ihn aus seiner Trägheit herausreißen soll. Der ewige Student und Kursteilnehmer.

Camelus stans.

Homo animosus erit ac fortis.

Ein Kamel.

Der Mensch wird mutig und tapfer sein.

16° Von diesem Menschen wird behauptet, er habe mehr Glück als Verstand. Jedenfalls findet er immer wieder, was er braucht. Er ist geduldig und gutmütig und besitzt große Ausdauer. Er ist tolerant und liberal und wird deshalb überall geschätzt.

Clavis cellularia.

Homo potestatē habens.

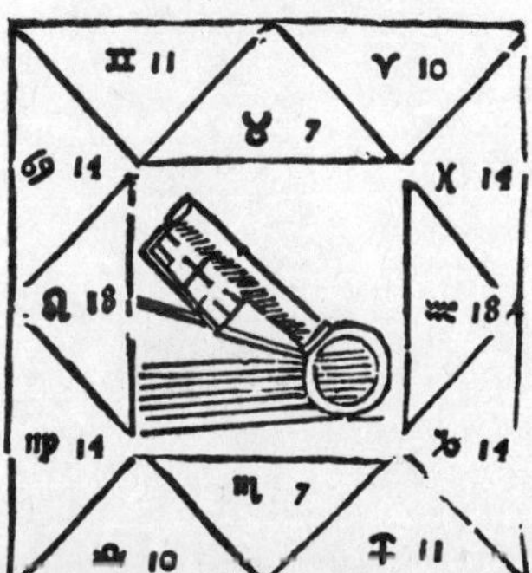

Ein Zimmerschlüssel.

Der Mensch wird Macht haben.

17° Ein Mensch, der die Fähigkeit zu neuen Erkenntnissen in sich trägt. Vielleicht sollte er mehr auf seine Gefühlswelt achten und den anderen offener entgegentreten. Dazu muß er sich selbst besser kennenlernen und darf nicht zuviel Wert auf das Urteil anderer legen.

Uir ducens equum freno.

Cliens erit.

Ein Mann, der ein Pferd am Zügel führt.

Es wird ein Knecht sein.

18° Ein Mensch, der seine Energie richtig einsetzen kann, der mit seinen Kräften haushält. Sport und körperliche Tätigkeiten vereinen sich bei ihm mit Mut und Abenteuerlust. Anlagen zum Lehrer oder Sportler; eignet sich auch als Trainer einer Mannschaft.

Manus vna tenens chartam.

Nuncius erit.

Eine Hand, die eine Papierrolle hält.

Es wird ein Bote sein.

19° Ein Mensch, der mehr philosophisch als praktisch veranlagt ist. Der Wissenschaftler mit Gewissen. Dieser Mensch übernimmt für sein Wissen auch die Verantwortung und behält es daher lieber für sich, als es dem Mißbrauch der Mächtigen auszusetzen.

Vir tenens clauem in manu sua.

¶Hospitalis erit.

Ein Mann mit einem Schlüssel in der Hand.

Er wird gastfreundlich sein.

20° Ein Mensch, der sich viel mit den Fragen nach dem Sinn des Lebens beschäftigt und dabei den Tod als Schlüssel zum neuen Leben akzeptieren kann.

Vir iacens vt mortuus.

¶Homo debilis erit.

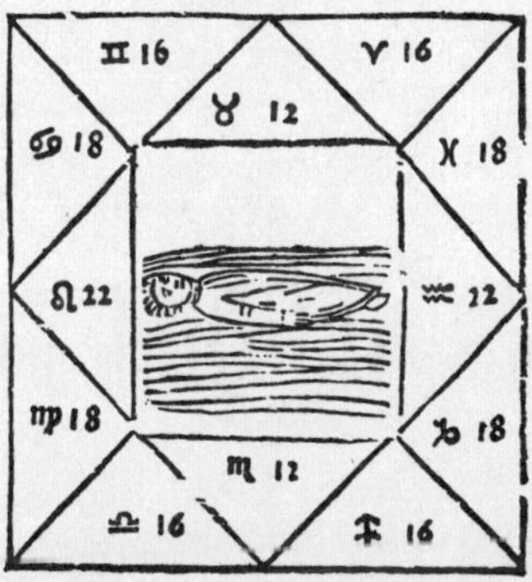

Ein Mann, der wie tot daliegt.

Er wird gebrechlich sein.

21° Ein Mensch, der die Natur liebt. Er will sie nicht bearbeiten, sondern genießen. Sein Arbeitseifer hält sich in Grenzen, doch wird er immer das Lebensnotwendige haben. Er macht sich keine Sorgen um seine Zukunft.

Homo vno habens capita.

¶ Homo diuersi erit sensus.

Ein Mensch mit zwei Köpfen.

Der Mensch wird viele Ideen haben.

22° Dieser Mensch hat große Phantasie, ist künstlerisch begabt und idealistisch gesinnt. Es kann ihm an Zielstrebigkeit fehlen, weil er zu viele Pläne auf einmal verwirklichen will. Er sollte sein feuriges Temperament zügeln.

Vir tenens seram manu sua dextera.

¶ Homo sapientiam meditans.

Ein Mann, der ein Körbchen in seiner rechten Hand hält.

Ein Mensch, der über Weisheit nachdenkt.

23° Ein sehr verläßlicher und verschwiegener Mensch. Er kann Geheimnisse für sich behalten und versteht es zuzuhören. Er strahlt Ruhe und Selbstsicherheit aus. Er gehört zu jenen Menschen, die ihr Wissen nicht auf Kanzeln und Rednertribünen kundtun.

Uir natans in aquis.

¶ Piscator erit

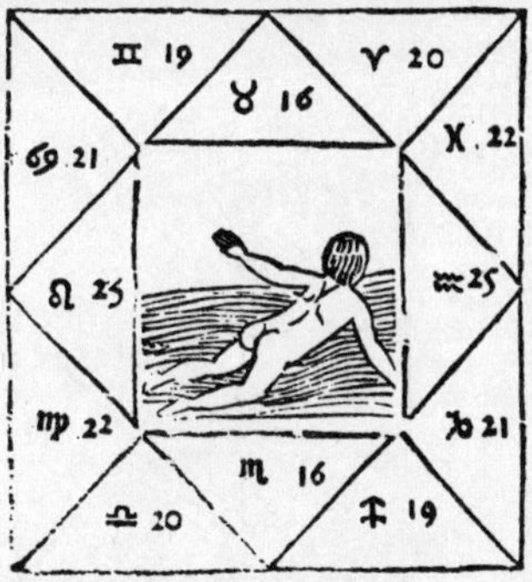

Ein Mann, der schwimmt.

Es wird ein Fischer sein.

24° Dieser Mensch baut sein Leben auf schöne Träume auf. Er ist in Gefahr, sich so sehr mit seinem Unbewußten auseinanderzusetzen, daß er den Kontakt mit der Wirklichkeit verliert. Er sollte lernen, auf die Ansprüche und Notwendigkeiten des Lebens zu reagieren. Der ewig junge Schwärmer.

Uir ligone laborans.

¶ Laborator erit.

Ein Mensch, der mit einer Haue arbeitet.

Es wird ein Arbeiter sein.

25° Ein fleißiger Mensch, der mit Umsicht und Vorsicht an alle Unternehmungen herangeht. Er glaubt sich gegen alle Wechselfälle des Lebens gewappnet. Was immer er tut, versucht er vollkommen zu tun, und er wird nicht aufgeben, bis er sein Ziel erreicht hat.

Vir cum falce in dextera sua manu.

Homo laboriosus erit.

Ein Mann mit einer Sichel in der rechten Hand.

Der Mensch wird arbeitsam sein.

26° Dieser Mensch ist arbeitsam und zielstrebig. Für ihn wird das Leben immer erfüllter, und er wird im Alter zufrieden auf sein Werk zurückblicken.

Tres viri simul spaciantes.

Homo ociosus erit.

Drei Männer, die miteinander spazierengehen.

Der Mensch wird untätig sein.

27° Dieser Mensch wird eine stürmische Jugend erleben. Er glaubt die ganze Welt erobern zu können, wird aber bald einsehen müssen, daß seinem Können und seinen Möglichkeiten Grenzen gesetzt sind. Das kann Frustration und Ungeduld erzeugen.

Vir & mulier manibus se mutuo tenentes.

Homo dilectus erit.

Ein Mann und eine Frau, die sich an der Hand halten.

Es wird ein lieber Mensch sein.

28° Ein Mensch, der in Harmonie mit sich und der Welt lebt. Er ergänzt sich mit seinem Partner, stellt sich den Anforderungen des Lebens. Ein ausgeglichener Mensch, ein guter Ehepartner.

Vir in equo sedens vt seruus.

Homo seruiens erit alienis.

Ein Mann, der wie ein Diener auf einem Pferd sitzt.

Es wird ein Diener von Fremden sein.

29° Ein Mensch, der seine Bedeutung kennt und auch in schwierigen Situationen dem Leben einen würdigen und vornehmen Rahmen geben wird. Er weiß, daß er eines Tages den Aufstieg schaffen wird und daß die Zeit kommen wird, in der er seine Größe und sein Können unter Beweis stellen kann.

JUNGFRAU ♍

Sie ist das zweite Erdzeichen und wird vom Planeten Merkur beherrscht. Der Jungfrau-Mensch will sein Leben durch Vernunft gestalten. Aus Angst vor dem Risiko will er sein Leben absichern. Er ist immer auf der Suche nach dem vernünftigen Kompromiß. Deshalb muß er die Dinge gut beobachten, um sie richtig beurteilen zu können. Daher weiß er alles, hat immer recht und schon alles bedacht, bevor andere es noch ausgesprochen haben. Für ihn gibt es keine Überraschungen. Hervorzuheben ist seine Liebe zum Detail.

Ascendit mulier bene ornata ex spectans spectaculū viri

¶ Amatror aut amatrix hominum erit.

Es steigt eine Frau auf, die Ausschau hält nach einem Mann.

Es wird ein sehr guter Liebhaber oder eine Liebhaberin sein.

0° Ein Mensch mit Sinn für Genauigkeit, Ordnungsliebe und Pflichtgefühl. Sparsam und überpünktlich, den Blick aufs Detail gerichtet, sammelt er verschiedene Sachen, wenn sie nur klein genug sind, ist gerne als Buchhalter, Bankangestellter oder Schulleiter tätig.

Due mulieres ociose stantes

¶ Homo ociosus ac vagabundus erit

Zwei Frauen, die untätig dastehen.

Der Mensch wird untätig und wankelmütig sein.

1° Dieser Mensch teilt immer und überall gute Ratschläge aus, ohne darum gebeten zu werden. Er sieht den Splitter im Auge anderer, nicht aber seinen eigenen Balken.

Uir librū rationū tenens in manu sua

Mercator erit.

Ein Mann, der ein Rechenbuch in seiner Hand hält.

Es wird ein Kaufmann sein.

2° Dieser Mensch neigt zur Logik, aber auch zu Kritiksucht und Nörgelei. Er ist ein scharfer Beobachter, ohne dabei selbst Stellung zu beziehen. Er versucht zu berechnen und plant die Menschen für seine Ziele ein. Er ist in finanziellen Dingen äußerst sparsam und in seiner ganzen Lebensweise vorsichtig. Er geht so sehr ins Detail, daß ihm oft der Überblick verlorengeht; eignet sich für alle Berufe, die mit Rechnen und Lehren zu tun haben.

Uir arans cum bobus

Laborator campi erit

Ein Mann, der mit einem Ochsen pflügt.

Es wird ein Landarbeiter sein.

3° Ein erdverbundener, ernster Mensch. Er arbeitet systematisch und zielstrebig. Er nutzt seine Anlagen nicht, um das Leben zu genießen, sondern um seine Pflicht zu erfüllen, oft kommt dabei die Lebensfreude zu kurz.

Aquila quiescens

Mercator erit sine labore

Ein ruhender Adler.

Es wird ein erfolgreicher Kaufmann sein.

4° Ein Mensch mit weiten, beschwingten Gedanken, der allem Neuen und Außergewöhnlichen aufgeschlossen ist, trotzdem aber auf dem Boden der Realität bleibt. Es wird ihm nicht immer gelingen, seine Gedanken in die Tat umzusetzen.

Mulier bene ornata stans ociosa

Homo ociosus erit.

Eine schön gekleidete untätige Frau.

Der Mensch wird untätig sein.

5° Dieser Mensch hat eine gute Hand für Geldangelegenheiten. Er ist tüchtig und verschwiegen, aber kleinlich. Auch wenn er reich ist, wird er keine großzügigen Ausgaben machen, sondern immer für die Zukunft sparen.

Mulier simplex stans ociosa

Homo piger erit

Eine einfache untätige Frau.

Der Mensch wird faul sein.

6° Ein Mensch, der warten kann, besonders in der Liebe. Er prüft alles kritisch und überlegt sehr genau, bevor er handelt oder einen Partner akzeptiert. Hals über Kopf wird er sich wahrscheinlich nie verlieben. Manchmal kann er auch schüchtern und anlehnungsbedürftig sein und ein unsicheres Auftreten an den Tag legen.

Homo sub abiete sedens

Pastor erit.

Ein Mensch, der unter einem Baum sitzt.

Es wird ein Hirte sein.

7° Ein Mensch, der die einfache Lebensweise liebt. Er kehrt zu den Wurzeln des Daseins zurück, zur Natur. Vielleicht ein Stadtmensch, der aufs Land ziehen will. Ein kleiner Franziskus, der sich mit der ganzen Schöpfung eins fühlt.

Mulier facie rubea bñ ornata stãs ociosa

Homo iracundus erit ac luxuriosus

Eine schön gekleidete wütende Frau mit rotem Gesicht, die untätig dasteht.

Der Mensch wird zornig und prahlerisch sein.

8° Ein Mensch, der immer und überall Sicherheit sucht und verunsichert ist, wenn ein unerwartetes Ereignis eintritt. In Ehe und Partnerschaft schätzt er Zuverlässigkeit am höchsten. Seine äußere Ruhe und Ausgeglichenheit erweist sich oft als trügerisch.

Uir bñ ornatus stãs ociosus pomũ tenẽs in manu sua

Spaciator erit

Ein schön gekleideter Mann, der untätig dasteht und in seiner Hand einen Apfel hält.

Es wird ein Spaziergänger sein.

9° Ein Mensch, der andere für sich arbeiten läßt und Anerkennung um jeden Preis anstrebt. Ist empfindlich und leicht verletzbar und schmückt sich gern mit fremden Federn.

Equus albus frenatus currẽs

¶ Homo velox erit

Ein Schimmel, der gezäumt umherläuft.

Der Mensch wird gewandt sein.

10° Dieser Mensch hat gelernt, Hindernisse zu überwinden. Er kennt keine Furcht, denn er hat alle seine Handlungen genau überlegt und geplant, und er überläßt nichts dem Zufall. Ahnungsvoll ist er mit dem Tod verbunden.

Vir niger facie: rubeis indutus vestimentis

¶ Homo malus erit

Ein schwarzer Mann in roten Kleidern.

Es wird ein schlechter Mensch sein.

11° Ein leidenschaftlicher Mensch, der erobert, aber auch bereit ist, dafür zu leiden. Was er macht, macht er ganz, ob er liebt oder ob er haßt. Ein unberechenbarer Mensch, der sich trotz seiner feurigen Natur immer ein menschliches Mitgefühl bewahren wird.

Due mulieres rosas colligentes

¶ Homo iocosus erit

Zwei Frauen, die Rosen pflücken.

Der Mensch wird witzig sein.

12° Diese Menschen werden in ihrem Leben viel Schönes und Glückliches erleben. Die Liebe wird für sie wichtig sein, ebenso Geselligkeit.

Bos stans in pascuis

¶ Homo laboriosus erit

Ein Ochse auf der Weide.

Der Mensch wird arbeitsam sein.

13° Ein Mensch, der für die manuelle Arbeit geschaffen ist, sich durchsetzt und Hindernisse und Widerstände überwindet. Läßt sich nicht gern durch andere bevormunden.

Due mulieres simul stātes in letitia

¶ Homo iocundus erit

Zwei Frauen, die fröhlich dastehen.

Der Mensch wird humorvoll sein.

14° Ein Mensch, der spürt, daß alles Leben Rhythmus ist. So fühlt er sich auch in Harmonie mit sich, den anderen und dem ganzen Kosmos.

Duo canes simul currentes

¶ Venator erit

Zwei Hunde, die zusammen laufen.

Es wird ein Jäger sein.

15° Ein ehrgeiziger Mensch, der immer der erste sein will. Er braucht von außen eine Bestätigung seiner Größe, deshalb muß er eine Leistung vollbringen, beruflich oder sportlich. Sein Maßstab ist nie die Sache selbst, sondern immer der andere. Ein Vertreter unserer Leistungsgesellschaft.

Castrū pulchrū sepe circūdatum

Homo tutus erit

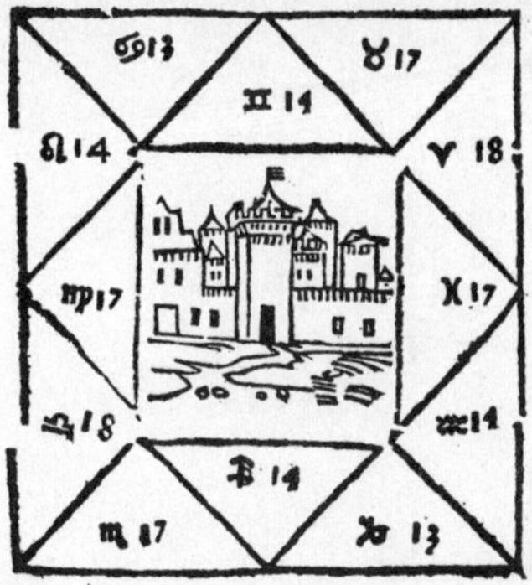

Ein schönes Schloß mit Turm.

Der Mensch wird vorsichtig sein.

16° Der in diesem Grad geborene Mensch baut sich Barrieren, die ihn unnahbar und gefühllos erscheinen lassen. Er liebt die Reinheit in der schillernden Bedeutung dieses Wortes und hält sich alles vom Leib, was nicht diesem Ideal entspricht. Wenn er seine Ichbezogenheit überwinden kann, wird er vielen helfen können.

Arbor frondosa in graminibus

Homo in silua laborauit

Ein reichbelaubter Baum auf einer Wiese.

Der Mensch wird im Wald arbeiten.

17° Dieser Mensch steht mit beiden Füßen auf der Erde. Wo er ist, liegt für ihn der Mittelpunkt des Universums. Wer wie er seinen Platz im wirklichen Leben gefunden hat, auf den ist Verlaß. Ein selbstsicherer Mensch.

Vir sedens in equo vt seruus

¶ Cliens famulator erit

Ein Mann, der auf einem Pferd sitzt wie ein Diener.

Er wird ein Knecht sein.

18° Ein korrekter und gewissenhafter Mensch, der eher einen Beruf wählt, in dem er keine selbständigen Entscheidungen treffen muß. Er ordnet sich lieber unter, teilt sich seine Lebenskräfte gut ein und macht keine unvorhergesehenen Dinge. Er ist vorsichtig, auch was seine eigene Gesundheit betrifft. Nichts wird bei ihm dem Zufall überlassen.

Auis insequens talpam aut murem

¶ Homo cõtrarius alteri erit alterius generis

Ein Vogel, der einen Maulwurf oder eine Maus verfolgt.

Der Mensch wird auf die eine oder andere Art gegensätzlich sein.

19° Ein kämpferischer Mensch, von kühnen Gedanken beseelt, an dem aber auch Sorgen und Kümmernisse nagen. Dieser Zwiespalt ist sein Leben. Doch sollten diese unwesentlichen, kleinen Sorgen nicht zu ernst genommen werden. Wenn er seine Pläne realisiert, dann schwinden die Sorgen wie der Tau im Sonnenschein.

Vir stans manu dextera tenens aurum: ⁊ si
nistra argentum
¶ Homo diues erit

Ein Mann, der in der rechten Hand Gold hält und in der linken Silber.

Der Mensch wird reich sein.

20° Ein ausgeglichener Mensch, bei dem sich Gefühl und Verstand die Waage halten. Er braucht die Hilfe anderer nicht, denn er wird aus eigener Kraft seine Wünsche verwirklichen. Meist hat einen selbständigen Beruf und kann durch seine Fähigkeiten und Anlagen viel Geld verdienen.

Mulier nuda humeris suis hircū pe-
ferens ⁊ agnum
¶ Homo impudicus erit

Eine nackte Frau, die um die Schultern ein Ziegen- und ein Lammfell trägt.

Der Mensch wird unkeusch sein.

21° Ein Mensch mit großen Tugenden und starken Leidenschaften. Für Menschen, die er liebt, wird er sich aufopfern, wird er aber von jemandem verletzt, so kann er nicht verzeihen. Er ist spontan in seinen Handlungen, ehrlich, aber launenhaft.

Homo navicula navigans in aquis

¶ Nauta erit

Ein Mensch, der mit einem Boot im Wasser fährt.

Es wird ein Schiffer sein.

22° Ein praktisch veranlagter Mensch, der nichts riskiert. Er ist zurückhaltend und will nicht auffallen. Er liebt alles, was ihm Sicherheit verspricht: einen Beruf auf Lebenszeit und ein regelmäßiges Einkommen. Er meidet alles Unbekannte, Unklare und Unsichere. Sein Lebensbereich ist überschaubar und abgesichert.

Auca collo ligata ad statuam

¶ Homo restrictus erit ad laborem

Eine Taube, die mit einem Band an einen Stab gebunden ist.

Der Mensch wird genau sein bei der Arbeit.

23° Ein friedfertiger Mensch, der immer den Ausgleich und die Versöhnung sucht. Sein Wesen ist sanft und zart, er will niemanden verletzen. Ein treuer Partner, der aber dazu neigt, sich von seinen Moralvorstellungen einengen zu lassen.

Vir proijciens funda lapidem

¶ Homo litigiosus erit

Ein Mann, der einen Stein mit der Schleuder wirft.

Der Mensch wird streitsüchtig sein.

24° Dieser Mensch will seine Probleme nicht akzeptieren. Er schämt sich seiner Fehler und glaubt sie durch Verdrängung aus der Welt schaffen zu können. Er sollte sich bewußt machen, daß nicht er allein Schwierigkeiten hat, sondern jeder Mensch.

Duo viri mutuo colloquentes

¶ Homo disciplinatus erit

Zwei Männer, die sich unterhalten.

Der Mensch wird ordentlich sein.

25° Ein Mensch, der die letzten Dinge zu kennen glaubt. Er neigt zu logischem Denken, weiß, liest, studiert und diskutiert sehr viel, doch den grundsätzlichen Fragen über Leben und Tod weicht er aus.

Mulieres due ociose stantes

Homo ociosus erit

Zwei untätige Frauen.

Der Mensch wird untätig sein.

26° Ein Mensch, für den Kontakte lebenswichtig sind. Er neigt dazu, sein Leben zu vertändeln, weil er sich immer wieder von seiner Arbeit abhalten läßt. Er ist gefühlsbetont und launisch, in seinen besten Phasen ein Lebenskünstler.

Aves plures in terra et alie volantes

Homo redditus multos habebit

Viele Vögel am Boden und andere, die fliegen.

Der Mensch wird viele Rückschläge haben.

27° Ein Mensch, der es versteht, jedes Ereignis unter verschiedenen Gesichtspunkten zu beurteilen. Deshalb wird er sich nie auf eindeutige Antworten festlegen lassen. Er weiß, daß sich die Wirklichkeit nicht definieren läßt, wie subjektiv alle Eindrücke sind, versucht deshalb gerne, eine neutrale Haltung einzunehmen.

Ros siue pluuia cadens super gramina

¶ Homo religiosus erit.

Tau oder Regen, der auf eine Wiese fällt.

Der Mensch wird religiös sein.

28° Ein Mensch, der die Welt nicht brutal erobert, sondern sie nur zart berührt. Er hat eine Vorliebe für die Natur, besonders für schöne Gärten und Blumen, aber auch für Kunst und Literatur. Er lebt aus der Kraft des Geistes und wird deshalb innerlich jung bleiben. Ein sensibler, gefühlsbetonter Mensch.

Mutus stans quietus

¶ Homo fatuus erit

Ein Mensch, der stumm und ruhig dasteht.

Er wird ein sonderlicher Mensch sein.

29° Ein Mensch, der sich gerne zurückzieht. Er kann als verschlossen gelten, weil er sich nicht an oberflächlichen Diskussionen beteiligt. Er glaubt nicht, daß man sich durch das Wort dem anderen wirklich mitteilen kann, weil das Wort immer zu Mißverständnissen führt. Aber so wenig man die Welt nur über das Wort erleben kann, so falsch ist es, ohne Gespräche auskommen zu wollen.

WAAGE ♎

Die Venus ist der Planet der Waage, daher kommt auch die Liebe zum Schönen, das Bestreben, die Harmonie zu erhalten. Der Waage-Mensch ist immer und überall bestrebt, Frieden zu stiften, weil jeder Streit sein Harmoniebedürfnis stört. In der Waage ist die Auseinandersetzung mit der Welt der Ideen besonders stark ausgeprägt. Allzuviel Denken und Abwägen können zu Handlungsschwäche führen. Nur keine Entscheidungen ist das Motto. Der Waage-Mensch versucht allen Komplikationen in menschlichen Beziehungen aus dem Weg zu gehen.

Ascendit vir vtraq; manu tenens cuspidem.

Pugnator erit.

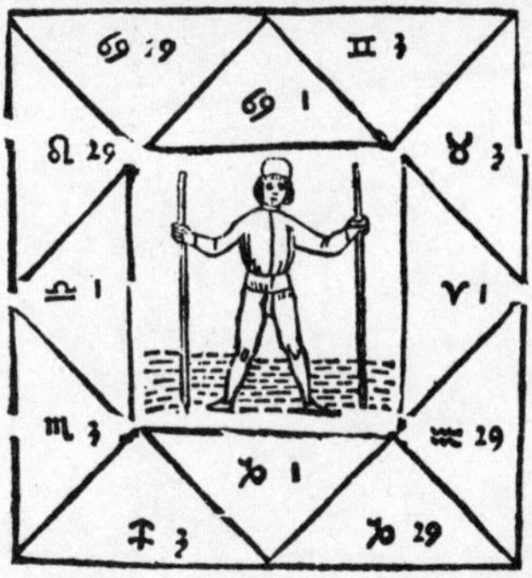

Es steigt ein Mann auf, der in beiden Händen einen Spieß hält.

Es wird ein Kämpfer sein.

0° Dieser Mensch will niemandem wehtun, darunter kann aber seine Ehrlichkeit leiden. Auch wenn ihm jemand nicht sympathisch ist, wird er nach außenhin immer freundlich sein, denn sein ausgeprägtes Harmoniebedürfnis kontrolliert sein Verhalten.

Clericus cum thuribulo.

Homo religiosus erit.

Ein Priester mit einem Rauchfaß.

Der Mensch wird religiös sein.

1° Ein Mensch, für den der Kult sehr wichtig ist. So ist für ihn, wenn er gläubig ist, Religion eine Einheit zwischen Leben und Liturgie. Im profanen Leben liebt er Feierlichkeiten, Feste und ist fasziniert von jeglichen Ritualen.

Homo incuruatus manibus ac pedibus.

¶ Homo miser ac laboriosus erit.

Ein Mensch, der an Händen und Füßen verkrüppelt ist.

Der Mensch wird arm und arbeitsam sein.

2° Ein Mensch, dessen größte Tugend die Geduld ist. Er hofft in der Gemeinschaft seine Zufriedenheit zu finden. Ist hilfsbereit, braucht aber auch selbst viel Verständnis.

Vir arans campū cū equis.

¶ Laborator campi .rit.

Ein Mann, der mit Pferden ein Feld pflügt.

Es wird ein Landarbeiter sein.

3° Ein Mensch, der auch die Schattenseite des Lebens in sein Handeln einbezieht und zuversichtlich ist, daß er durch Arbeit auch schwere Zeiten überstehen kann. Er weiß, daß er Konzessionen machen muß, hält aber an der Verwirklichung seiner Zielvorstellungen fest. Ist in der Auswahl seiner Partner sehr anspruchsvoll.

Auis nigra rubeos habēs rostrū & pedes.

¶Homo grossus erit.

Ein schwarzer Vogel mit rotem Schnabel und roten Füßen.

Es wird ein prahlerischer Mensch sein.

4° Ein Mensch, der spontan sagt, was er denkt. Er ist ehrlich, jedoch unüberlegt in seinen Worten und bereitet sich daher unnötige Schwierigkeiten und Probleme. Er ist nicht nach dem zu beurteilen, was er sagt, sondern wie er sich verhält.

Uir a seipso trahens aratrum.

¶Laborator erit sine sensu.

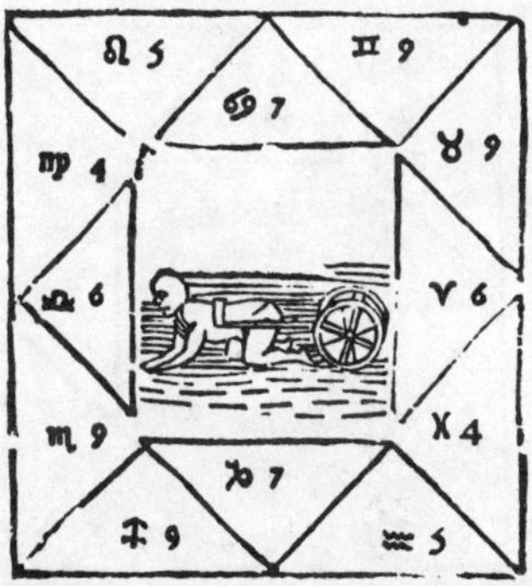

Ein Mann, der selbst den Pflug zieht.

Es wird ein Arbeiter sein ohne Sinn und Verstand.

5° Ein Mensch, der nach dem Motto lebt: Selbst ist die Frau oder der Mann. Er ist fleißig, arbeitet jedoch mehr als nötig, glaubt alles allein machen zu müssen. Ihm fehlt das Vertrauen in das Können anderer. Er sollte sich einen Beruf wählen, in dem er nicht mit anderen Menschen zusammenarbeiten muß.

Uir manu dextera tenēs anulū aureū.

Amator aut amatrix erit.

Ein Mann, der in der rechten Hand einen goldenen Ring hält.

Es wird ein Liebhaber oder eine Liebhaberin sein.

6° Ein Mensch, der geordnete Verhältnisse liebt. Er sehnt sich nach fester Partnerschaft oder Ehe und neigt dazu, sich früh zu binden. Auch sein Interesse für geistige Dinge ist groß. Ein ausgeglichener Mensch.

Mulier flens super infirmo.

Homo tristis erit.

Eine Frau, die über einem Kranken weint.

Der Mensch wird traurig sein.

7° Dieser Mensch sieht durch das Leid das Gleichgewicht der Welt gestört. Es ist nicht unbedingt Mitleid, was ihn zu Tränen rühren kann, sondern verletzter Schönheitssinn. Er wird durch Erfahrung lernen, daß Leid nur die Kehrseite des Glücks ist und zum Leben jedes Menschen gehört.

Uir manu dextera gladiū tenēs euaginatū in altū.
¶Homo litigiosus erit.

Ein Mann, der ein Schwert über dem Kopf schwingt!

Der Mensch wird streitsüchtig sein.

8° Ein ehrlicher Mensch, der nichts zu verbergen hat. Er ist friedfertig, wenn er jedoch angegriffen wird, so weiß er sich zu verteidigen. Wird er gefordert, reagiert er spontan. Von sich aus ergreift er kaum Initiativen.

Auis nigra inclinans rostrū in terra.
¶Homo immūdus erit totus.

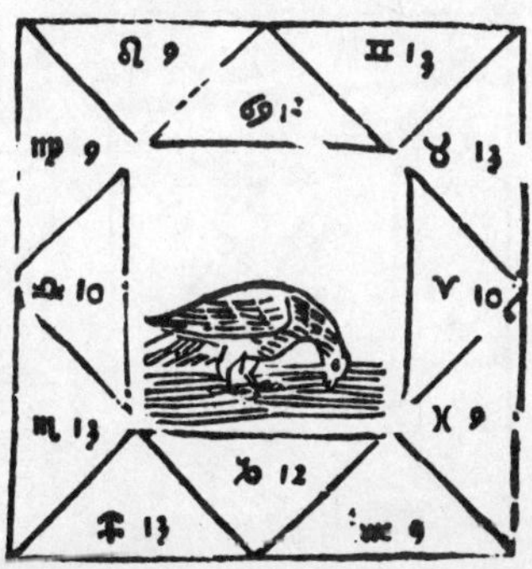

Ein schwarzer Vogel, der seinen Schnabel in die Erde steckt.

Der Mensch wird ganz schmutzig sein.

9° Dieser Mensch kann kontaktarm sein und Schwierigkeiten in der Liebe haben. Er ist stark auf sich selbst fixiert und möchte allen Dingen auf den Grund gehen. Er muß lernen, von sich aus auf andere zuzugehen.

Vir niger facie ⁊ manibus sed albus pedibus.

¶ Homo tardus erit ⁊ instabilis.

Ein Mann mit schwarzem Gesicht und schwarzen Händen, aber mit weißen Füßen.

Der Mensch wird träge und wankelmütig sein.

10° Dieser Mensch beschäftigt sich mit den schönen und häßlichen Seiten des Lebens. Denken und Handeln sind bei ihm eins, er liebt Veränderungen. Hat den Ehrgeiz, sich Geltung zu verschaffen, und braucht Anerkennung.

Mulier stans circũspiciens.

¶ Homo vagabundus erit ⁊ ociosus.

Eine Frau, die umherblickt.

Der Mensch wird untätig umherschweifen.

11° Ein Mensch, der gerne im Mittelpunkt steht. Er will gesehen und bewundert werden. Er sieht sich daher nicht, wie er wirklich ist, sondern wie die anderen ihn sehen. Ein eitler Mensch.

Uir ꝛ mulier ſe diſpergentes.

Homo ꝯtentioſus erit ab alijs diuiſus.

Ein Mann und eine Frau, die auseinandergehen.

Es wird ein Einzelgänger sein.

12° Ein Mensch, der leicht Freundschaften schließt, die aber nicht von Dauer sind. Er hält immer nach neuen Zielen Ausschau, und er kann auch um einer interessanten Aufgabe willen eine Beziehung aufgeben.

Speculū magnū infixus pariete.

Homo ſuperbus erit.

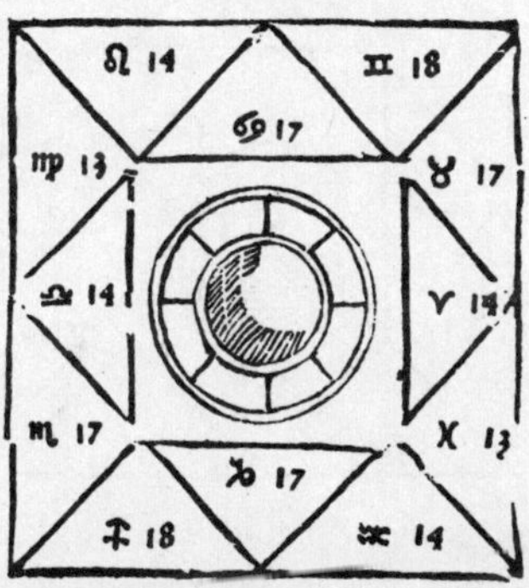

Ein großer Spiegel, der an einer Wand befestigt ist.

Der Mensch wird stolz sein.

13° Ein Mensch, der Wert auf Äußerlichkeiten legt. Er braucht eine harmonische Umgebung, um sich entfalten zu können, und leitet sein eigenes Wertgefühl vom Urteil anderer ab.

Duo corda simul pendentia.

¶ Homo mundanus erit.

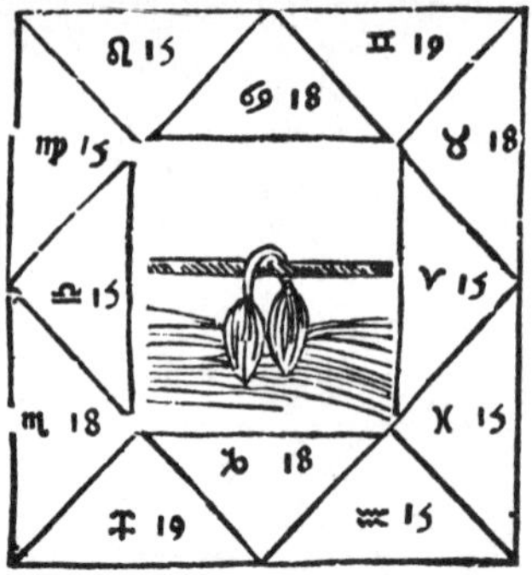

Zwei Herzen, die zusammenhängen.

Der Mensch wird ein Weltbürger sein.

14° Ein Mensch, der in der Liebe Erfüllung findet, den es erfüllt, für einen zweiten Menschen dazusein: »Besonders glücklich aber bin ich, wenn einer glücklich ist, den ich liebe.«

Camelus currens.

¶ Homo fortis erit ꝛ velox.

Ein laufendes Kamel.

Der Mensch wird stark und tapfer sein.

15° Ein Mensch mit großer Geduld und Ausdauer, der mehr seinem Gefühl vertraut als seinem Wissen. Ihn kann nichts so leicht aus der Ruhe bringen. Groß ist seine Friedensliebe und seine Sehnsucht nach Harmonie; hat eine optimistische Lebenseinstellung und sieht immer das Gute im Menschen.

Auis merula dulciter canens.

Homo iocosus erit.

Eine Amsel, die schön singt.

Der Mensch wird humorvoll sein.

16° Ein herzlicher und charmanter Mensch. In der Liebe ist er unberechenbar und überschwenglich, was bis zur Selbstaufgabe gehen kann. Sonst ist er ausgeglichen und schätzt eine schöne und lebensfrohe Umgebung.

Villa cum domibus bene ornatis.

Homo dominiũ habens in erit.

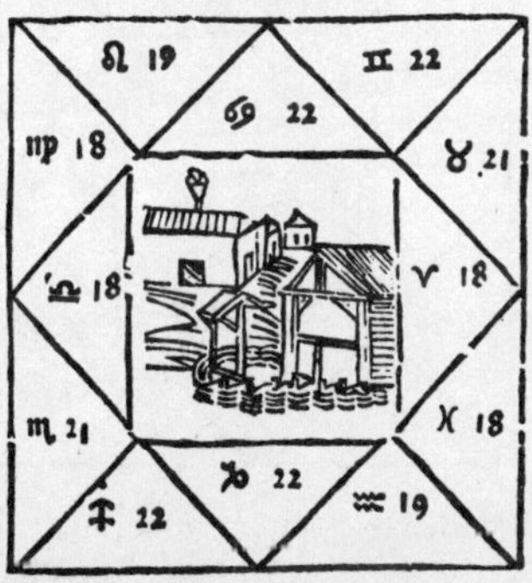

Ein Dorf mit schönen Häusern.

Der Mensch wird ein Haus haben.

17° Ein Mensch, der sich seine heile Welt aufbaut. Er ist ein Ästhet mit gutem Geschmack, für den Äußerlichkeiten wichtig sein können, weil er sie als Spiegel seiner Seele betrachtet. Er kann ohne Schönheit nicht leben.

Castrum pulchrum in monte locatum.

¶ Homo nobilis erit.

Ein schönes Schloß, das auf einem Berg steht.

Der Mensch wird vornehm sein.

18° Dieser Mensch fühlt sich zu »Höherem« geboren. Er hält Abstand zur »Masse«, es fehlt ihm Realitätsbezug. Er ist ichverhaftet, für Kritik empfindlich, unnahbar. Um zu sich selbst zu kommen, muß er aus seinem Wolkenkuckucksheim herabsteigen.

Altare pulchrum & bene ornatum.

¶ Homo religiosus erit.

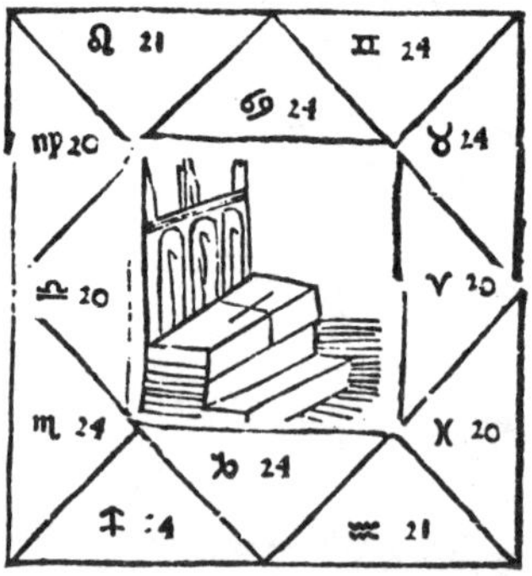

Ein schön geschmückter Altar.

Der Mensch wird religiös sein.

19° Dieser Mensch muß viele seiner gewohnten Anschauungen verändern, um sich weiterentwickeln zu können. Er sollte lernen, sein übersteigertes Harmoniebedürfnis aufzugeben, weil er nur aus einer gewissen Disharmonie Reife entwickeln kann. So muß er vielleicht sein Schönheitsideal opfern, um Liebe zu erfahren.

Vir asinum equitans aut equum.

¶ Equester erit ⁊ seruus.

Ein Mann, der auf einem Pferd oder Esel reitet.

Es wird ein berittener Diener sein.

20° Ein friedfertiger Mensch, der ausdauernd und beharrlich seinen Weg geht. Instinktiv weiß er, was richtig oder falsch ist, und kennt seine Kräfte, die er vernünftig einsetzt, so daß er auch in Krisenzeiten nicht aufgeben muß. Er läßt sich nicht überfordern. Ein scheinbar sorgloser Mensch, eine eigenwillige Persönlichkeit, die sich durchsetzen wird.

Equi duo sellati.

¶ Hō multū appetēs ⁊ parū adipiscens.

Zwei gesattelte Pferde.

Der Mensch wird viel beginnen, aber wenig erreichen.

21° Ein Mensch des Ausgleichs. Er will jedem gerecht werden, was zu einer Aufgabe des eigenen Standpunktes führen kann. Er hat ein gutes Gespür für die Probleme und Sorgen der anderen, kann sich gut in deren Lage versetzen. Sehr oft kommt dabei sein eigenes Leben zu kurz.

Phisicus vrinā per vitrū respiciens.

¶ Medicus erit.

Ein Gelehrter, der Harn in einem Glas beobachtet.

Es wird ein Arzt sein.

22° Ein Mensch mit starkem Wissensdrang. Er liebt das Experiment und sieht in der Veränderung der Materie eine Veränderung des Bewußtseins. Ein Mensch, der auch zur Meditation neigt, um mehr über sein wahres Selbst zu erfahren.

Hō in parte superiori: & equus ī parte inferiori baculo percutiens draconem.
¶ Homo robustus erit.

Eine Gestalt, deren Oberkörper ein Mensch und deren Unterleib ein Pferd ist, schlägt mit einem Stab auf einen Drachen ein.

Der Mensch wird stark sein.

23° Ein Mensch, der sehr viel Geduld mit sich selbst braucht. Mit seinen Ideen ist er schon in einem anderen Sonnensystem, mit seinem Körper ist er noch tief in der Erde verhaftet. Er wird von seiner Triebhaftigkeit nicht loskommen, wenn er sie abzutöten versucht; er sollte sie annehmen und bejahen.

Pauo stans in gramine.

¶ Homo superbus erit.

Ein Pfau auf einer Wiese.

Der Mensch wird stolz sein.

24° Dieser Mensch ist sich seiner Schönheit und Anziehungskraft bewußt. Er liebt es, vom anderen Geschlecht umschwärmt zu werden. Liebe und Sexualität gehören für ihn zur Selbstbestätigung. Sein Leben ist ein Jahrmarkt der Eitelkeiten.

Vir leonem baculo percutiens.

¶ Victor belli erit.

Ein Mann, der einen Löwen mit einem Stock schlägt.

Es wird ein Sieger sein.

25° Diesen Menschen zeichnen Kraft, Vitalität, Energie aus. Doch weiß er nicht, wie er damit umgehen, wie er sie richtig einsetzen soll. So handelt er oft gegen seine Triebe, was ihm Neurosen und gesundheitliche Schäden einbringen kann.

Arbor frondosa stans in ortu.

Hortulanus erit.

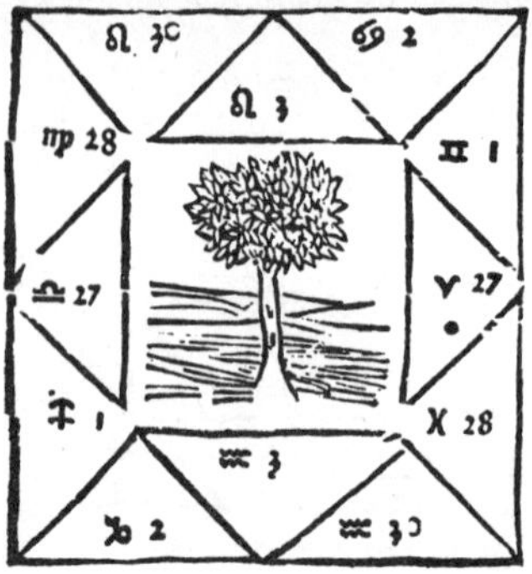

Ein Laubbaum, der im Osten steht.

Er wird ein erfolgreicher Mensch sein.

26° Ein praktisch veranlagter Mensch, der mit beiden Beinen im Leben steht. Er findet seine Kraft in sich selbst und ist auch bereit zu geben, ohne zu fragen. Er ist gütig und großzügig und wird wegen seines vornehmen Charakters von den Mitmenschen geschätzt. Läßt sich nicht aus der Ruhe bringen und liebt eine harmonische Umgebung.

Vir fossorio fodens terram.

Homo laboriosus erit.

Ein Mann, der den Boden umgräbt.

Der Mensch wird arbeitsam sein.

27° Ein Mensch, der das Alltägliche, das sogenannte »Gewöhnliche« ernst nimmt. Er liebt die kleinen Dinge des Lebens, hat eine Vorliebe für Früchte und Blumen. Er arbeitet nicht, um die Früchte zu besitzen, sondern um sich an ihnen zu erfreuen.

Mulier ociosa stans.

Homo ociosus erit.

Eine untätige Frau.

Der Mensch wird untätig sein.

28° Dieser Mensch ist sehr gefühlsbetont. Wie ein Seismograph nimmt er alle Erschütterungen und Schwingungen auf. Für ihn gibt es keine getrennten Dinge, sondern nur den kosmischen Reigen des Lebens. »Wenn ein Blatt vom Baume fällt, erzittert die Welt.« Er besitzt ein feines Gefühl für ästhetische Reize.

Lepus ex silua currens.

Homo instabilis erit.

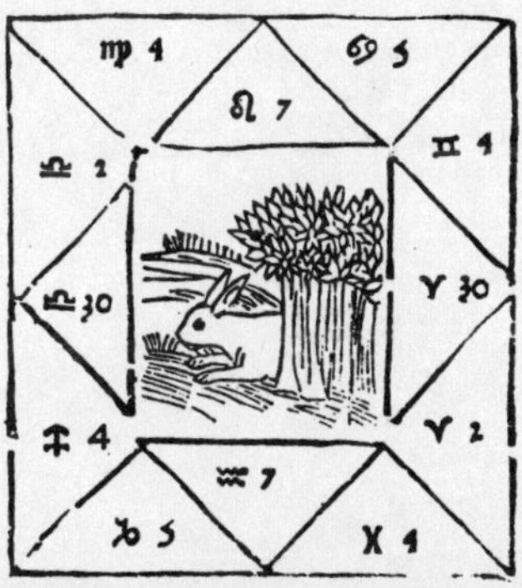

Ein Hase, der aus dem Wald läuft.

Der Mensch wird unsicher sein.

29° Ein vorsichtiger und ängstlicher Mensch, der sich vor dem Leben fürchtet und lieber zu Hause bei Muttern bleibt. Er kann sich nur schwer zu Handlungen durchringen und bleibt oft ein Leben lang unselbständig. Er denkt, wer nichts tut, der macht auch keine Fehler.

»Eine Büchersammlung …

SKORPION ♏

Als Planet wird dem Skorpion der Pluto zugeordnet, ein Himmelskörper, der erst 1930 entdeckt wurde. Der Skorpion-Mensch ist faszinierend und schillernd und lebt immer in Extremen. Entweder handelt er nur irrational aus seinem Gefühl heraus, oder er unterdrückt seine Gefühle total und lebt nach strengen Prinzipien. So kann er sowohl einer tiefen Leidenschaft verfallen als auch sein Leben nach fixen Ideen ausrichten, was zur höchsten Lebensfeindlichkeit ausarten kann, so daß die Lebendigkeit des Ichs stirbt und er nur mehr aus der Objektivität lebt. Sein Ziel ist: Stirb und Werde.

Apparet vir cuspidez tenens in manu sua.

⁋Fur erit ⁊ nequam

Es erscheint ein Mann, der einen Spieß in der Hand hält.

Es wird ein Dieb und Nichtsnutz sein.

0° Ein Mensch, der seine eigenen Stärken und die schwachen Stellen seines Gegners kennt und ihn deshalb sehr genau treffen kann. Er besitzt große Zähigkeit und Ausdauer und kann lange Zeit Angriffe und Beleidigungen scheinbar geduldig hinnehmen, um dann um so heftiger zu reagieren. Seine Stärke liegt in der Verteidigung und Taktik, wobei er sehr hinterhältig sein kann.

Uir sedens in elephante

⁋Homo fortis erit ⁊ stabilis

Ein Mann, der auf einem Elefanten sitzt.

Der Mensch wird mutig und stark sein.

1° Dieser Mensch will sich kennenlernen, indem er die Welt kennen lernt, dabei entwickelt er starken Instinkt, unaufhaltsame Kraft und ein gutes Gedächtnis. Es ist die Mutter Erde selbst, die ihn trägt. Er kennt die Kräfte des Lebens und weiß, daß man sie nicht ungestraft herausfordern darf.

Homo ſtans ocioſus

¶ Homo malus erit & ocioſus

Ein Mensch, der untätig dasteht.

Der Mensch wird böse und untätig sein.

2° Ein Mensch, der rücksichtslos ist wie das Leben selbst. Er trennt sich von anderen, wenn sie ihm nichts mehr geben können, ihm ist der erste Verdruß lieber als der letzte. Er ist ehrlich und sagt seine Meinung sofort und eindeutig.

Cythara vna letitiam ſignans

¶ Homo iocūdus erit

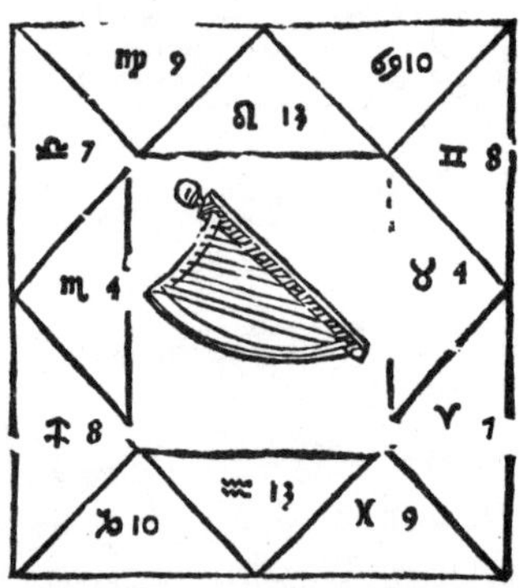

Eine Harfe, die Freude ausdrückt.

Der Mensch wird humorvoll sein.

3° Ein musisch begabter Mensch, für den Musik die Welt bedeuten kann. Er neigt dazu, seine Probleme zu überspielen oder gar nicht erst an sich herankommen zu lassen. Ein sympathisch wirkender Mensch, der die Geselligkeit liebt.

Vir cui desunt partes inferiores

¶ Homo imperfectus erit in factis suis

Ein Mann ohne Unterleib.

Der Mensch wird unvollkommen sein in allem, was er tut.

4° Dieser Mensch ist von seiner Triebnatur abgeschnitten. Seine Sexualität ist in den Kopf verlagert. Er kann sich nicht entspannen und seine Gefühle ausdrücken. Ein Kopfmensch, der die Gefühle nur denkt.

Asinus aut equus frenatus & sellatus

¶ Homo pauca producens ad effectū

Ein Esel oder Pferd, das gezäumt und gesattelt ist.

Der Mensch wird wenig Wirkung erreichen.

5° Ein geduldiger und friedfertiger Mensch, der Schwierigkeiten nicht aus dem Weg geht. Er darf jedoch in seiner Gutmütigkeit nicht überfordert werden, sonst kann er zu Reaktionen fähig sein, die ihm niemand zutrauen würde, und es kann aus diesem Geduldsmenschen ein unversöhnlicher Feind werden. Er zeigt im Widerstand seine wahre Stärke.

Vir sedens marsubium habens in dextera
& ciphum aureum in sinistra manu
¶ Mercator erit & diues

Ein sitzender Mann, der in der rechten Hand einen Geldbeutel und in der linken ein goldenes Gefäß hält.

Es wird ein reicher Kaufmann sein.

6° Ein Mensch, der abwägt, ob geistige Ideale oder materielle Werte für ihn wichtiger sind. Er wird eher geistige Werte aufgeben als Besitz. Vor allem liebt er keine Kompromisse, sondern ist für klare, meist extreme Lösungen.

Gallus magnus stans

¶ Scriptor erit.

Ein großer Hahn.

Es wird ein Schriftsteller sein.

7° Dieser Mensch fühlt sich großartig. Er ist sich seiner Wichtigkeit, seines Charmes und seiner Anziehungskraft bewußt. Er sucht die Bestätigung nur durch andere Menschen, auch auf die Gefahr hin, daß diese ihn eines Tages fallenlassen.

Puer in tina sedens

Homo parui erit sensus

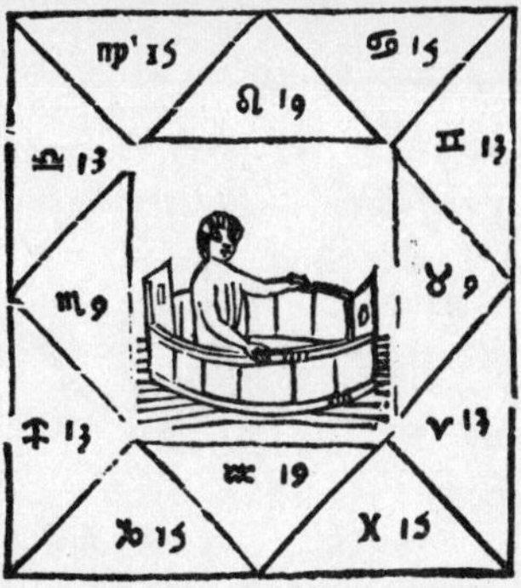

Ein Knabe, der in einem Bottich sitzt.

Der Mensch wird einen schwachen Verstand haben.

8° Ein Mensch, der sich selbst immer wieder erneuern oder verwandeln möchte. Er möchte seine alten Fehler ablegen und ein neues, besseres Leben beginnen. Er will sich von seiner Vergangenheit lösen, wird aber oft wieder in seine alten Verhaltensweisen zurückfallen.

Facies multum tortuosa

Homo mirabilis erit opinionis

Ein faltiges Gesicht.

Der Mensch wird eigenartige Meinungen haben.

9° Ein Mensch, der seine körperlichen Bedürfnisse zugunsten seiner intellektuellen Fähigkeiten zurückstellt. Er ist immer auf der Suche nach dem Wesentlichen und durchschaut alle Illusionen, ein desillusionierter Mensch, der trotzdem neue Anfänge wagt.

Vir scorpionem tenens cum cauda

¶ Homo inuidus erit

Ein Mann, der einen Skorpion hält.

Der Mensch wird neidisch sein.

10° Für diesen Menschen ist der Lebenssinn die Sexualität. Er hängt nicht nur lustvollen Gedanken nach, sondern handelt. Er genießt seine Sinnlichkeit und braucht immer wieder Abwechslung. Oft ist er bisexuell und Gruppenerlebnissen nicht abgeneigt. Ehrlich bejaht er seine Anlage, wodurch er die Möglichkeit hat, seine Triebe zu sublimieren.

Serpentem magnum musce pungētes

¶ Homo prudens erit sed malus

Eine Schlange wird von Fliegen gestochen.

Der Mensch wird klug, aber schlecht sein.

11° Ein Mensch, der in sich Kräfte aus einer Seelentiefe ahnt, die über seine persönlichen Gefühle hinausgehen und kollektive Dimensionen erschließen. Er ist gewandt und klug und macht sich viele Gedanken über Sexualität und Tod. Auch bei ihm ist die Sexualität mächtig, jedoch mehr heterophil ausgerichtet als im vorhergehenden Grad.

Turris pulchra ac fortis

¶ Fortis laborator erit

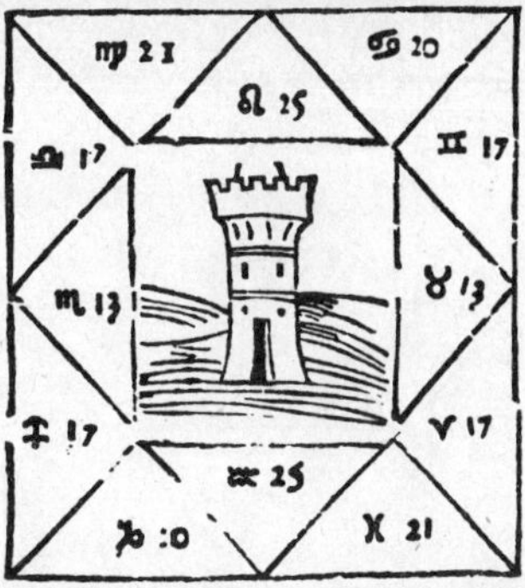

Ein schöner mächtiger Turm.

Es wird ein kräftiger Arbeiter sein.

12° Ein selbstbewußter Mensch, eine entfaltete Persönlichkeit. Er wirkt auf andere überzeugend, ist aber in Gefahr, sich selbst zu überschätzen und höhere Werte zu ignorieren.

Puteus ex quo manat aqua

¶ Homo instabilis erit sensu

Ein Fels, aus dem Wasser fließt.

Es wird ein unruhiger Geist sein.

13° Ein Mensch, der auf seine Umgebung belebend wirkt. Seine Ideen können originell und mitreißend sein, wechseln aber rasch. Für ihn beginnt jeden Tag das Leben neu, und es ist eine Freude, ihm zu begegnen, obwohl er in seinen Handlungen unberechenbar sein kann. Alles Gewohnte und Alltägliche, jede Routine ist ihm unerträglich. Er läßt sich nicht einordnen oder an jemanden binden.

Mulier pulchra ſtans ocioſa

¶ Homo ocioſus erit.

Eine schöne Frau.

Der Mensch wird untätig sein.

14° Dieser Mensch erfreut sich an sich selbst und an der Buntheit des Lebens. Er genießt das Leben und kann durch seine freigebige Art andere für sich gewinnen. Manche stoßen sich an seiner Oberflächlichkeit und Eitelkeit.

Mulier pauperi dans elemoſynam

¶ Homo miſericors erit.

Eine Frau, die einem Bettler Almosen gibt.

Der Mensch wird barmherzig sein.

15° Ein Mensch, der weiß, daß man anderen nur helfen kann, wenn man seine eigenen Probleme bewältigt hat. Er drängt sich niemandem auf, hilft aber dort gerne, wo man ihn darum bittet. Er ist kein großer Ideologe, der Betrachtungen über die Not in der Welt anstellt, sondern jemand der spontan reagiert.

Lupus currens in campo

¶ Raptor erit

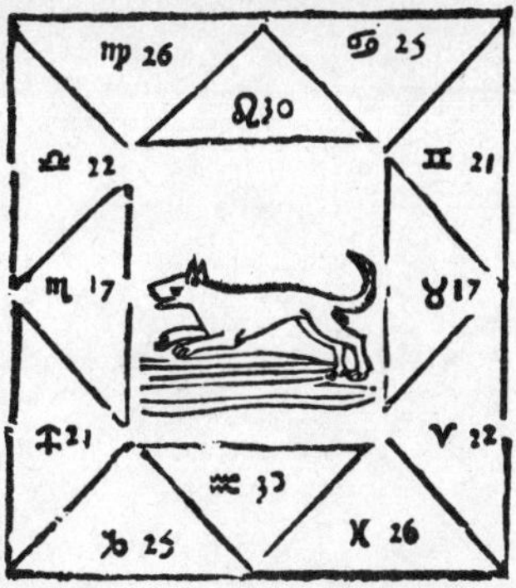

Ein Wolf, der im Feld läuft.

Es wird ein Räuber sein.

16° Dieser Mensch kennt sich selbst nicht. Er hält sich für tugendhaft und ist überrascht, daß in seinen scheinbaren Frieden zerstörerische Leidenschaften einbrechen. Er steht seiner Triebnatur ahnungslos und daher machtlos gegenüber, ist unberechenbar in seinem Haß und neigt zu sexuellen Perversionen.

Mulier post ianuā se abscondens

¶ Homo piger erit ac ociosus

Eine Frau, die sich in der Haustür versteckt.

Der Mensch wird faul und untätig sein.

17° Ein sinnlicher Mensch, der seinen Vergnügungen gern im Verborgenen nachgeht. Er hat viele Geheimnisse, will aber lieber die der anderen erforschen. Mit Freunden spricht er offen über seine intimsten Gedanken.

Canis cum ore ⁊ auribus magnis

¶ Homo nobilis erit

Ein Hund mit großen Ohren.

Der Mensch wird vornehm sein.

18° Ein Mensch, der eine starke Beziehung zu seinen unbewußten Kräften hat. Instinktiv erfaßt er Situationen oder durchschaut den anderen. Er weiß immer genau, was nicht richtig ist, und kennt auch sehr gut seine eigene triebhafte Schattenseite, was die Voraussetzung für einen kreativen Neubeginn sein kann.

Uir sedens in camelo

¶ Homo fortis erit

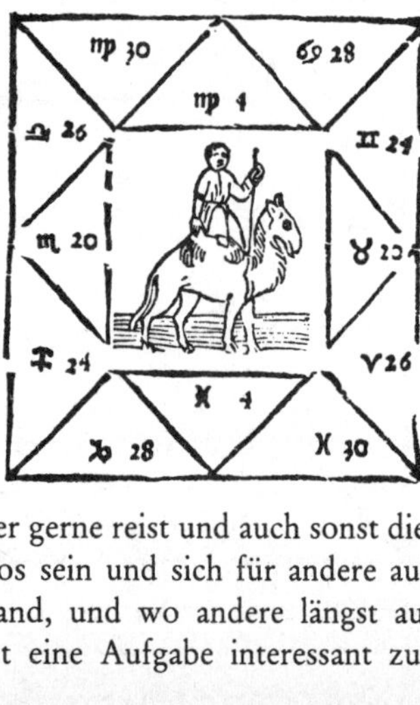

Ein Mann auf einem Kamel.

Der Mensch wird tapfer sein.

19° Ein Mensch, der gerne reist und auch sonst die Abwechslung liebt. Er kann anspruchslos sein und sich für andere aufopfern. Seine Kraft wächst im Widerstand, und wo andere längst aufgegeben haben, da beginnt für ihn erst eine Aufgabe interessant zu werden. Ein guter Freund.

Equus libere ſtans in campo

¶ Homo ſine iugo erit

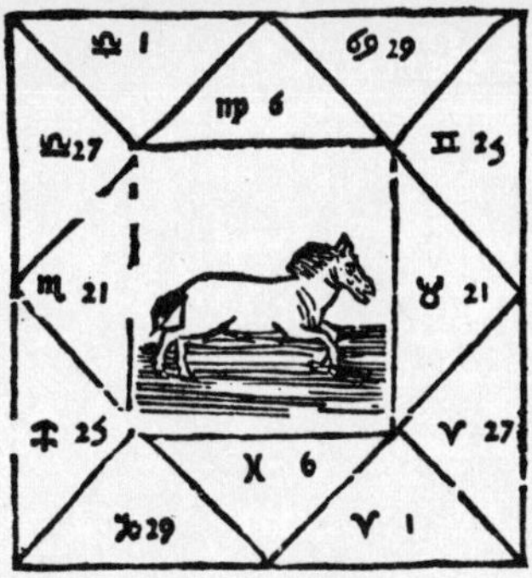

Ein Pferd im Feld.

Der Mensch wird ohne Zwang sein.

20° Ein Mensch, der Freiheit und Unabhängigkeit in allen Lebensbereichen liebt. Sein Ideal ist die freie Liebe, und er paßt auch sonst nicht in die bürgerlichen Normen. Ein Grad, der für eine dauerhafte Partnerschaft wenig geeignet ist.

Aqua magna fluens

¶ Homo inſtabilis erit

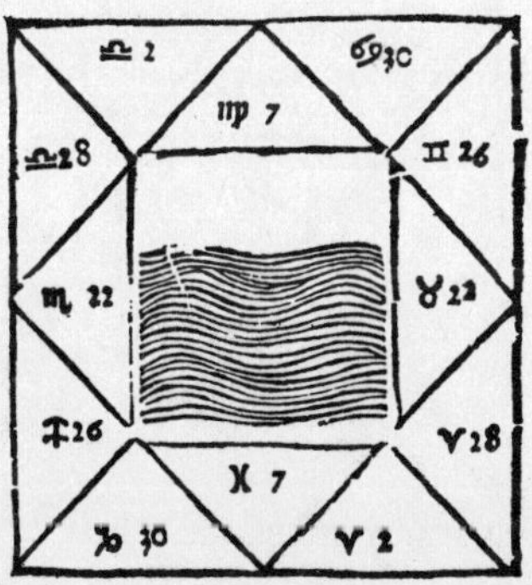

Ein großes fließendes Wasser.

Der Mensch wird unbeständig sein.

21° Ein Mensch, der nur aus Gefühlen zu bestehen scheint. Er ist launenhaft, und man kann mit ihm nichts planen, logischen Einsichten ist er nicht zugänglich. Doch kann er sich gut in andere hineinfühlen.

Riuuli multi ex aqua fluentes

Homo instabilis erit

Viele Bächlein, die aus einem See fließen.

Der Mensch wird unbeständig sein.

22° Dieser Mensch hat eine gesunde Einstellung zum Leben, ist aber etwas sprunghaft. Seine Seele ist reich an Inhalten und Bildern. Er kann Erstarrtes zum Leben erwecken, hat große schöpferische Kräfte. Ein fröhlicher und erfrischender Zeitgenosse.

Mulier tenens fusum in manu dextera

Homo laboriosus erit

Eine Frau, die eine Spindel in der rechten Hand hält.

Der Mensch wird fleißig sein.

23° Ein Mensch, der sein Leben plant und nichts dem Zufall überläßt. Er wirkt gewinnend und anziehend auf andere, und wen er einmal an sich gezogen hat, den läßt er nicht mehr los.

Lupus aucam ferens in ore suo

¶ Fur et raptor erit

Ein Wolf, der einen Vogel im Maul trägt.

Es wird ein Dieb und Räuber sein.

24° Ein Mensch mit cholerischem Temperament, leidenschaftlich, unbeherrscht und durch keine Vernunftgründe zu überzeugen; nur bei seiner Räuberehre zu packen.

Vir vestes humeris suis defert despoli.

¶ Spoliator erit

Ein Mann, der geraubte Kleider um die Schultern trägt.

Es wird ein Plünderer sein.

25° Ein Mensch, der die Abwechslung liebt. Die strengen Maßstäbe, die er an sich anlegt, lassen ihn keine Ruhe finden. Alles will er noch besser und vollkommener machen. Auch in der Liebe kann er immer wieder neue Verbindungen suchen.

Uiri duo stantes ⁊ mutuo loquentes

¶ Homo iocundus erit ac socialis

Zwei Männer, die sich unterhalten.

Der Mensch wird humorvoll und verträglich sein.

26° Ein geselliger Mensch, er will den anderen nicht verletzen und ist daher immer für den Ausgleich. Er setzt sich nicht lautstark durch, sondern versucht auf diplomatischem Weg seine Ziele zu erreichen. Er begegnet allen Menschen freundlich, da er Streit nicht ertragen kann.

Domus seu templum magnum

¶ Homo multum erit orans

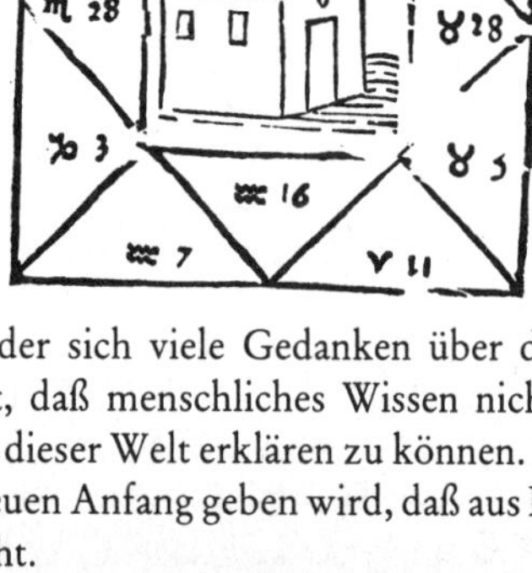

Ein Haus oder ein großer Tempel.

Der Mensch wird viel sprechen.

27° Ein Mensch, der sich viele Gedanken über den Sinn des Lebens macht und erkennt, daß menschliches Wissen nicht ausreicht, um alle Rätsel und Wunder dieser Welt erklären zu können. Er trägt Hoffnung in sich, daß es einen neuen Anfang geben wird, daß aus Finsternis und Chaos neues Leben erwacht.

Magister sedens librū habens apertum
Homo studiosus erit.

Ein Gelehrter, der mit einem offenen Buch dasitzt.

Der Mensch wird gelehrt sein.

28° Ein Mensch, der die Welt durch Bücher kennenlernt. Der große Theoretiker. Er glaubt an die Macht des Geistes und vergißt dabei, daß Geist nur wirken kann, wenn er mit Taten verbunden ist, und daß ohne Erlebnisse eine Entwicklung nicht möglich ist.

Serpens magnum habens caput
Homo prudens erti

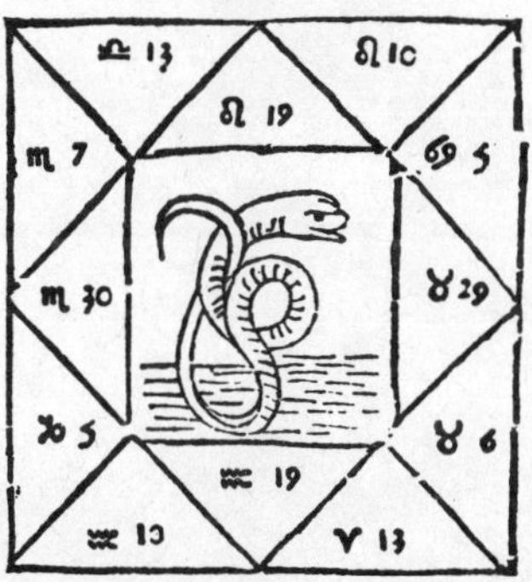

Eine Schlange mit einem großen Kopf.

Der Mensch wird weise sein.

29° Ein Mensch, der seine Ziele leidenschaftlich verfolgt. Er läßt sich von seinen Gefühlen nicht treiben, weiß genau, was er will. Er wird nie aufgeben, sondern seinen Willen durchsetzen. Er wartet nicht, was das Leben bringt, sondern greift selbst zu, und was er einmal angefaßt hat, das läßt er nicht wieder los. Seine angeborene Klugheit kann sich zu Weisheit entwickeln.

SCHÜTZE ♐

Das Prinzip des Schützen ist die Sehnsucht in die Ferne und Weite. Auf geistigem Gebiet ist es die Philosophie, die Suche nach der letzten Wahrheit. Der Planet des Zeichens ist Jupiter, der als Glücksplanet gilt und auf Religiosität hinweist. Es ist damit eine Erfahrung gemeint, die nicht auf dem Intellekt beruht, sondern auf intuitiven Einsichten. Der Schütze-Mensch interessiert sich für große Zusammenhänge und nicht fürs Detail wie die Jungfrau. Er liebt die Fülle und Üppigkeit, und ein asketisches Leben ist ihm ein Greuel.

Ascendunt viri tres stantes sine capitibus.

Hō religiosus erit ac iustus.

Es steigen drei Männer ohne Kopf auf.

Der Mensch wird religiös und beständig sein.

0° Dieser Mensch möchte hinter die Dinge sehen und alle Gegensätze vereinen. Er weiß, daß weder der weltabgewandte Mystiker noch der Weltmensch, der das Geheimnisvolle nicht wahrhaben will, recht haben. Er will diesen Widerspruch auflösen durch das Dritte, die Synthese. Der Weg aller Alchemisten, der ein Symbol des suchenden Menschen ist.

Vir balista sagittans

Homo litigiosus erit oī tpe

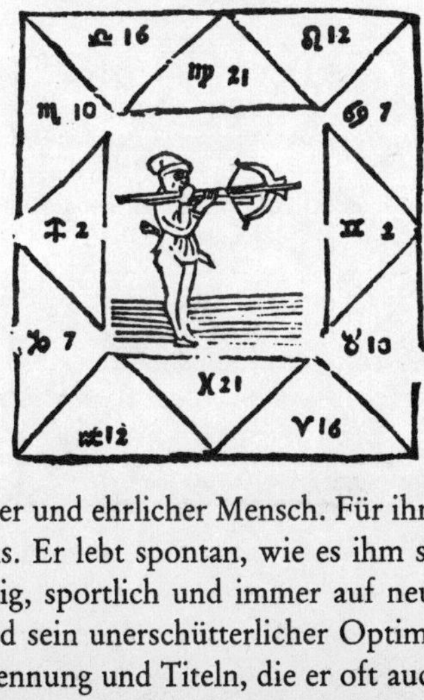

Ein Mann, der mit einer Armbrust schießt.

Der Mensch wird streitsüchtig sein.

1° Ein offenherziger und ehrlicher Mensch. Für ihn ist Handeln wichtiger als das Ergebnis. Er lebt spontan, wie es ihm sein Herz eingibt, ist unternehmungslustig, sportlich und immer auf neue Eroberungen aus. Bemerkenswert sind sein unerschütterlicher Optimismus und sein Verlangen nach Anerkennung und Titeln, die er oft auch bekommen wird.

Uir in ariete sedens cū flāmeo vestimento

Homo litigiosus erit

Ein Mann in flammenden Kleidern, der auf einem Widder sitzt.

Der Mensch wird streitsüchtig sein.

2° Ein Draufgänger und leidenschaftlicher Mensch mit Dynamik und Durchsetzungskraft. Ein Abenteurer, der nach neuen Eroberungen Ausschau hält. Handelt, ohne viel nachzudenken, ohne Reue und Gewissensbisse, nimmt sich, was er braucht. Er zeigt innere Rastlosigkeit, die ihn nicht lange an einem Ort verweilen läßt. Die Gefahr der Selbstüberschätzung ist groß, ebenso ausgeprägt ist das Verlangen nach persönlicher Freiheit.

Uir cuspidē gerens in humero suo.

Spoliator erit

Ein Mann, der eine Lanze auf der Schulter trägt.

Es wird ein Räuber sein.

3° Ein Mensch der Tat. Was er macht, macht er ganz. Eine Kämpfernatur, die die wunden Punkte des Gegners schnell erkennt. Seine Stärke sind Gelassenheit und das ständige Anpassen an neue Situationen. Routine ist ihm fremd.

Mulier cunabulū portans in dorso

Homo laboriosus erit

Eine Frau, die ein Kind auf dem Rücken trägt.

Der Mensch wird arbeitsam sein.

4° Etwas an diesem Menschen kann noch unreif sein, was ihn oft daran hindert, verantwortlich zu handeln. Es kann ein Gegensatz sein zwischen beruflichem Erfolg und privatem Verhalten. Ein Mensch mit einem feinen Gespür für subtile Eindrücke.

Bos cum tribus cornibus.

Homo multorū sensuum

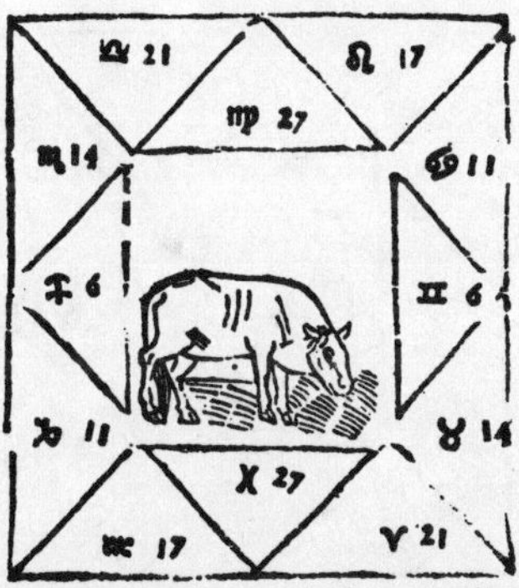

Ein Ochse mit drei Hörnern.

Der Mensch wird viele Gedanken haben.

5° Ein Mensch mit harmonischem Charakter. Er hat eine gute Ausstrahlung und schenkt anderen Menschen ein Gefühl von Freiheit: sie dürfen so sein, wie sie wirklich sind, ohne sich ihrer Fehler schämen zu müssen. Er tritt offen und unerschrocken für seine Überzeugung ein und hat ein großes Gerechtigkeitsempfinden.

Mulier stans ociosa

¶ Homo ociosus erit

Eine Frau, die untätig dasteht.

Der Mensch wird untätig sein.

6° Ein Mensch, der handelt, wie es ihm sein Herz eingibt. Ein liebenswürdiger Charakter voll Güte und Menschenfreundlichkeit. Er liebt die Fülle, die Ferne, die Freiheit; jemand, der Beweglichkeit und Veränderung will.

Duo viri taxillis ludentes in mensa

¶ Lusor erit

Zwei Männer, die am Tisch mit Würfeln spielen.

Es wird ein Spieler sein.

7° Ein schicksalsgläubiger Mensch, der überzeugt ist, daß alles, was er ersehnt, auch eintreffen wird, und daß ihm das zufällt, wofür er reif ist. Zufall ist für ihn kein Aufheben von Gesetzmäßigkeiten, sondern ein Lebensgesetz, das man verstandesmäßig nicht durchschauen und erklären kann. Ein Mensch, der der Zukunft vertraut.

Ignis magnus ligna ardens

¶ Laborator cum igne erit

Ein großes Holzfeuer.

Der Mensch wird mit Feuer arbeiten.

8° Ein Mensch, dessen Triebe sich oft unkontrollierbar und zerstörerisch äußern. Er kann sehr jähzornig sein, aber auch Gefühle der Verbitterung in sich tragen. Werden diese Gefühle zu lange unterdrückt und nicht in positive Bahnen gelenkt, so können sie eines Tages unerwartet ausbrechen und dem Menschen körperlichen und seelischen Schaden zufügen.

Portio auri argenti & plumbi in terra.

¶ Homo dives erit

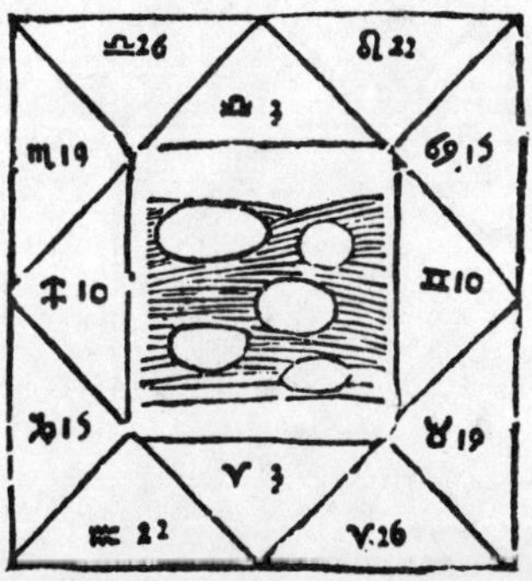

Stücke von Gold, Silber und Blei am Boden.

Der Mensch wird reich sein.

9° Dieser Mensch hat große Fähigkeiten und Talente. Geld und Besitz sind nicht Selbstzweck, sondern Mittel, um unabhängig zu sein. Er wird in seinen Unternehmungen viel Glück haben und braucht sich um die Zukunft keine Sorgen zu machen.

Simea supra lupum sedens

Dominator erit alterius bois

Ein Affe, der auf einem Wolf reitet.

Es wird ein Herrscher sein über andere Menschen.

10° Dieser Mensch hat ein starkes Geltungsbedürfnis. Er gilt als unberechenbarer Verhandlungspartner und setzt Taten, die bei anderen Kopfschütteln hervorrufen. Er sollte sein Temperament beherrschen lernen, bevor er andere Menschen führt.

Homo hircum equitans

Contrariator erit hominū

Ein Mensch, der auf einem Ziegenbock reitet.

Es ist ein Menschenverächter.

11° Ein triebhafter Mensch, der die Kontrolle über sich selbst leicht verlieren kann. Er braucht in seinem Leben Hilfe guter Freunde oder einen vernünftigen Partner. Seine Freude an der Bewegung und sein Drang in die Ferne sind stark. Sein Leben wird unruhig verlaufen.

Vir stans ligatis manibus in dorso

¶ Homo victus erit

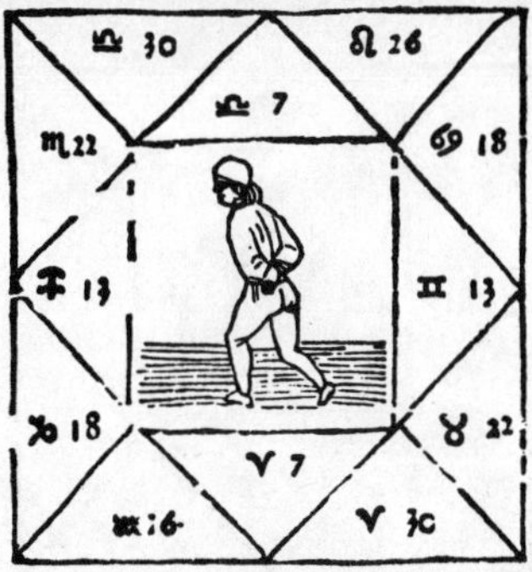

Ein Mann, der die Hände auf den Rükken gebunden hat.

Der Mensch wird besiegt werden.

12° Ein Mensch, der zur Untätigkeit verurteilt scheint. Er kommt sich daher manchmal hilflos vor. In einer Welt, die vor Tüchtigkeit birst, sollte er nicht vergessen, daß Aktivität oft mehr zerstören kann als nutzen.

Magister librū tenens apertum

¶ Homo doctus erit

Ein Gelehrter, der ein offenes Buch hält.

Der Mensch wird gelehrt sein.

13° Im Leben dieses Menschen ist kein Platz für Mythen und Geheimnisse. Er will allein mit Verstandeskraft die Welt kennenlernen und geht mit dieser Einstellung oft am eigenen Erleben vorbei.

Uir penes equum sellatum ambulans

¶ Homo timidus erit

Ein Mann, der ein gesatteltes Pferd führt.

Der Mensch wird furchtsam sein.

14° Ein Mensch, der sich durch körperliche und geistige Lebendigkeit hervortut, das kann Freude am Sport oder Reisen sein, oder auch eine Vorliebe für Philosophie und Religion. Seine Interessen sind oft nicht alltäglich, er sucht das Außergewöhnliche und Exotische. Ein interessanter Gesprächspartner.

Currus vacuus stans

¶ Homo vacuus ratione

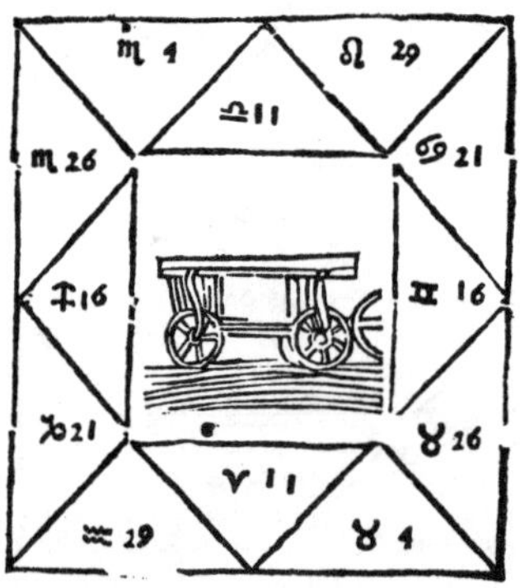

Ein leerer Wagen.

Der Mensch wird geistlos sein.

15° Dieser Mensch wird von Fernweh geplagt. Er wird jedoch seinen Wünschen selten folgen und eher einen sicheren Beruf einer unsicheren Zukunft vorziehen.

Decrepitus se baculo sustentans

¶ Homo multũ orans erit

Ein alter Mann, der sich auf einen Stab stützt.

Der Mensch wird viel reden.

16° Ein Mensch mit großem Wissen, der aber aus seiner Intuition lebt. Er weiß um das Unbekannte und Unberechenbare und kann daher zu jenen Menschen gehören, die ein Horoskop intuitiv richtig deuten können. Ein Mensch, dem man gerne zuhört und dessen Rat man befolgt.

Vir auẽ tenẽs cũ cauda: ⁊ alia manu facem accensam.

Auceps erit

Ein Mann, der einen Vogel an den Schwanzfedern hält, in der anderen Hand trägt er eine brennende Fackel.

Es wird ein Vogelfänger sein.

17° Ein friedliebender Mensch. Friede ist für ihn nicht fauler Kompromiß, sondern das Ergebnis von Gerechtigkeit, für die er auch zu kämpfen bereit ist. Sein Optimismus kann unverwüstlich sein, so daß er auch schwierige Situationen meistert. Er glaubt an das Gute im Menschen.

Domus circūdata facibus ardentibus

¶ Homo laboriosus erit timore circūdatus

Ein Haus, das von brennenden Fackeln umgeben ist.

Ein arbeitsamer Mensch, der von Angst beherrscht wird.

18° Ein Mensch, der sich immer wieder radikal in Frage stellt. Unterdrückt er diesen Charakterzug, so werden ihn die Umstände dazu zwingen. Es können Feindschaften sein, die ihm das Leben zur Hölle machen. Durch seinen starken Glauben wird er unversehrt daraus hervorgehen, wie die drei Männer aus dem Feuerofen.

Tres viri ambulantes & brachijs se ducentes

¶ Homo iocosus erit ac socialis

Drei Männer, die spazierengehen und sich an den Händen halten.

Der Mensch wird humorvoll und gesellig sein.

19° Ein geselliger Mensch, der sich in der Gemeinschaft wohl fühlt. Sein Mangel könnte es sein, zuviel über sich selbst zu sprechen und auf die anderen nicht einzugehen. Er kann ganz aus dem Augenblick leben und scheint sich um die Zukunft wenig Sorgen zu machen. Wegen seines Optimismus wird er beliebt sein.

Vir stans in ornatu doctoris

Homo sapiens erit

Ein Mann im Kleid eines Gelehrten.

Der Mensch wird weise sein.

20° Ein Mensch mit guter Rednergabe und geistreichen Ideen. Er liebt das Streitgespräch und die Auseinandersetzung und versteht es, mit Überzeugungskraft seine Meinung zu vertreten. Er kann ein Intellektueller sein, der den Zugang zur Muse und Kunst nicht verloren hat oder sich mit religiösen Fragen beschäftigt.

Unus alium gladio perforans

Latro aut homicida erit

Einer, der den anderen mit dem Schwert durchbohrt.

Es wird ein Räuber oder Mörder sein.

21° Ein Mensch, der sein egoistisches Denken sterben lassen muß, um sein wahres Selbst zu erfahren. Erst dann erkennt er seine eigentliche Lebensaufgabe und erhält Einblick in die tiefen menschlichen Geheimnisse. Er kann zum Heiler werden.

Mulier mulierē cultro trāsfigens in pectus

Homicida erit

Eine Frau, die eine andere mit dem Messer ersticht.

Es wird ein Mörder sein.

22° Ein Mensch, der sich selbst nicht lieben kann. Seine negativen Gedanken können ihn hartherzig und lebensfeindlich machen. Er sollte sich selbst verzeihen lernen, dann wird er auch bei anderen Verzeihung finden.

Vir sese transfigens gladio

Homo sibiipsi damnū inferens

Ein Mann, der sich selbst mit dem Schwert durchbohrt.

Der Mensch wird sich selbst Schaden zufügen.

23° Dieser Mensch wird ständig Schwierigkeiten mit seiner Identität haben, worunter sein Selbstbewußtsein leidet. Er hat die Aufgabe, sich selbst zu begegnen. Dazu muß seine alte Identität zerstört werden, damit er eine neue Lebensform finden kann.

Uir euomitans in terram

Homo crapulosus erit ac laboriosus.

Ein Mann, der auf die Erde speit.

Der Mensch wird betrunken und arbeitsam sein.

24° Ein Mensch, der von seiner Vergangenheit loskommen möchte. Das kann eine Lösung von der Mutter sein oder von einer früheren Partnerschaft. Seine Aufgabe ist es, sich von allem, was ihn belastet, zu befreien, auch wenn es schmerzlich ist.

Uir ludens in ligniculo

Hystrio erit iocosus.

Ein Mensch, der mit einem Stab spielt.

Es wird ein aufgeregter und komischer Mensch sein.

25° Ein Mensch mit einer glücklichen Einstellung. Für ihn ist das Leben ein großes Welttheater, dessen Spielregeln er kennt. Er versucht sich durchs Leben zu schwindeln, sein Optimismus läßt ihn auch schwierige Situationen meistern. Eine Tendenz zur Großmäuligkeit.

Vir pendens manibus

¶ Homo ociosus erit

Ein Mann mit einem Stab hinter den Armen.

Der Mensch wird untätig sein.

26° Ein Mensch, der über sich selbst lachen kann. Er verbreitet Optimismus und Lebensfreude, zuweilen nimmt man ihm seine Offenheit übel, weil er damit andere provoziert.

Vir sedens in camelo

¶ Homo fortis erit

Ein Mann auf einem Kamel.

Der Mensch wird tapfer sein.

27° Dieser Mensch liebt das Abenteuer. Wenn einmal die Zeit kommt, in der es keine Wüsten mehr zu durchqueren gibt, dann wird er erkennen, daß das gelobte Land, von dem die Bibel erzählt, in ihm selbst liegt. Denn der Weg durch die Wüste ist der Weg durch die Zeit, und das gelobte Land ist die Sehnsucht, die er in seinem Herzen trägt.

Homo se reuoluens de lecto in lectum

¶ Homo puerilis erit

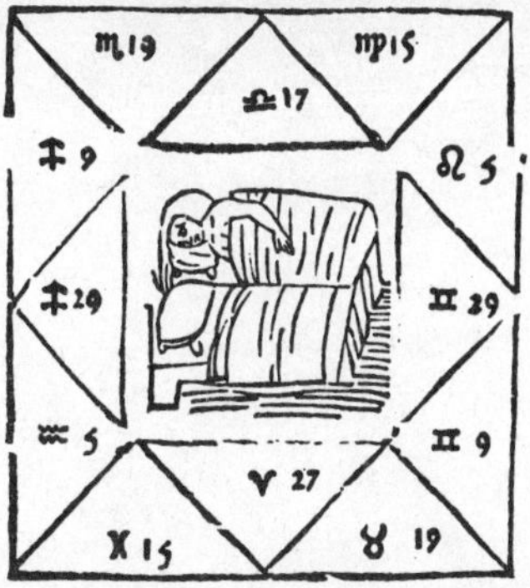

Ein Mensch, der von einem Bett ins andere springt.

Der Mensch wird kindisch sein.

28° Ein Mensch, der immer das will, was er nicht hat, man kann es ihm nie recht machen. Er beneidet die anderen um ihre Freuden, ohne ihre Sorgen zu sehen. Er sollte lernen, daß die Ursachen seiner Unzufriedenheit in ihm selbst liegen.

Vir manu dextera tenens balatum

¶ Faber erit.

Ein Mann, der in der rechten Hand ein Hufeisen hält.

Es wird ein Schmied sein.

29° Ein zufriedener Mensch, den kein Ereignis aus der Ruhe bringen kann. Aus den schwierigsten Situationen wird er mit seiner praktischen Veranlagung das Beste machen. Er empfindet sein Glück nicht als Heldentat, sondern als Aufgabe, die es täglich zu bewältigen gilt.

STEINBOCK ♑

Für ihn steht die Gemeinschaft im Mittelpunkt. Entscheidend ist nicht das Gefühl, sondern die Norm und das Gesetz. Als Planet ist dem Steinbock der Saturn zugeordnet, der fälschlicherweise als Unglücksbringer gilt. Er ist der Planet der Zeit, das heißt, er verlangsamt alle Entwicklungsprozesse. Der Steinbock-Mensch löst alle Probleme langfristig, für ihn gilt der Satz: Man muß lange leben, um ein Mensch zu werden. Offenbar ist es seine Aufgabe, von der niedrigsten zur höchsten Stufe aufzusteigen, wo andere mit der Zeit aufgeben, sieht der Steinbock seine Chance. Meist wird ihm erst in der zweiten Lebenshälfte das erhoffte Glück zuteil.

Ascendunt duo viri similes in forma
Homo amicabilis erit ac iocundus

Es steigen zwei Männer auf, die sich ähneln.

Der Mensch wird liebenswürdig und humorvoll sein.

0° Dieser Mensch muß sich zwischen zwei Wegen entscheiden. Einerseits will er alles verstandesmäßig erklären, andererseits hat er eingesehen, daß nicht die Vernunft allein selig macht. Er wird diesen Konflikt nur durch Arbeit lösen können.

Vir deferens arundinem.
Homo sine potestate erit.

Ein Mann, der ein Schilfrohr trägt.

Der Mensch wird ohne Macht sein.

1° Ein Mensch mit tiefem Verständnis für die Schwächen der Mitmenschen, deshalb gibt er jedem seine Chance – immer wieder. Eine Mensch des Ausgleichs und der Versöhnung. Ein guter Menschenkenner. Er wird das geknickte Rohr nicht brechen.

Serpens magnus

¶ Homo sapiens erit

Eine große Schlange.

Der Mensch wird weise sein.

2° Ein Mensch, der sein Schicksal verstandesmäßig lenken möchte, was in einer Katastrophe enden kann. Erst wenn er seine selbstgerechten Vorstellungen und Maßstäbe verloren hat, wenn er arglos wie ein Kind geworden ist, wird er erkennen, daß er sich selbst gefunden hat. Denn gerade das, was er ablehnt oder verdrängt, kann ihn aus seiner Angst erlösen.

Duo rastra in campo

¶ Rusticus erit

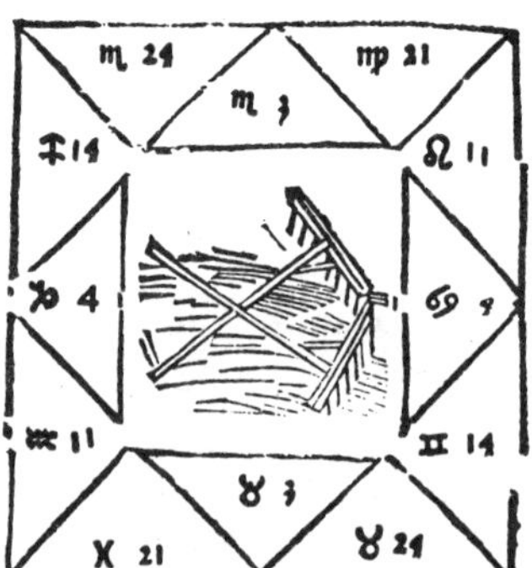

Zwei Rechen im Feld.

Es wird ein Bauer sein.

3° Dieser Mensch vergißt vor lauter Überlegen das Handeln. In ihm halten sich zwei Lebenskräfte die Waage, so daß ihm Entscheidungen schwerfallen, weil er in jedem Anfang schon das Ende sieht.

Duo porte aperte

¶ Hospes erit

Zwei offene Tore.

Es wird ein gastfreundlicher Mensch sein.

4° Ein Mensch, der offen ist für alles Neue. Seine Möglichkeiten sind so vielfältig, daß er sich nur schwer für eine Aufgabe entscheiden kann. Seine Ziele und Stimmungen können schnell wechseln. Trotzdem ist es ein Mensch, auf den man sich verlassen kann, und niemand wird ihn aus seinem Gleichgewicht bringen können.

Vir deferens canes humeris suis

¶ Homo litigiosus erit

Ein Mann, der Hunde auf der Schulter trägt.

Der Mensch wird streitsüchtig sein.

5° Ein Mensch, der sich selbst zu wichtig nimmt. Er fühlt sich den anderen überlegen und kann daher hochmütig, überheblich und oberflächlich wirken, weil ihn scheinbar vieles nicht berührt. Doch wenn er eine sinnvolle Aufgabe gefunden hat, kann er sich intensiv dafür einsetzen und bereit sein, Verantwortung zu übernehmen.

Duo viri cum muliere ſtantes

¶ Homo iocoſus erit

Zwei Männer mit einer Frau.

Der Mensch wird humorvoll sein.

6° Ein Mensch, der für die Gemeinschaft lebt, der aber im Umgang mit anderen gehemmt und abweisend sein kann und deshalb oft als kalt und gefühllos betrachtet wird. Doch der Schein trügt, er ist empfindsam, kann aber seine Gefühle nach außen nicht mitteilen.

Manus tenens auem

¶ Auceps erit

Eine Hand, die einen Vogel hält.

Es wird ein Vogelfänger sein.

7° Ein vornehmer Mensch mit hohen Idealen oder auch verrückten Gedanken. Durch Wort und Schrift kann er seine unkonventionellen Ideen ins praktische Leben umsetzen. Nur Ausdauer und Selbstdisziplin werden ihm Anerkennung bringen.

Uir in terram cadens

Homo debilis erit

Ein Mann, der zu Boden fällt.

Der Mensch wird gebrechlich sein.

8° Ein Mensch, der sich durch großen Ehrgeiz auszeichnet. Oft lebt er nur für seinen Beruf und vernachlässigt sein Privatleben, so daß er vielleicht eines Tages schmerzvoll erfährt, daß man sein Leben nicht nur nach gesellschaftlichen Kriterien aufbauen kann, um glücklich zu werden.

Uir vtraqz manu deferens vpupam

Auceps aut venator erit

Ein Mann, der in jeder Hand einen Vogel hält.

Es wird ein Vogelfänger oder Jäger sein.

9° Ein Mensch, der seine Ideen durchsetzt. Er wird sich auch unter gefährlichen Umständen für seine Überzeugung einsetzen, ist aber in Gefahr, zum Dogmatiker zu werden, der sein eigenes Denken und Handeln zur Richtlinie für alle machen will.

Rex coronatus lras suscipit a nuncio

¶ Nuncius principis erit

Ein König erhält Briefe von einem Boten.

Es wird ein Bote von Fürsten sein.

10° Ein Mensch mit gesundem Selbstbewußtsein, das ihm nach außen hin Ausstrahlung verleiht. Er ist offen für die Anforderungen und Aufgaben des Lebens. Ein kluger und welterfahrener Mensch, der die Unabhängigkeit und Schönheit liebt, dabei jedoch oft zuviel Wert auf sein Äußeres legt.

Vir velociter currens

¶ Homo velox erit

Ein Mann, der schnell läuft.

Der Mensch wird schnell sein.

11° Ein Mensch, der gern arbeitet. Er kennt seine Belastungsgrenze, und sein Erfolg liegt in seiner Ausdauer. Jede Oberflächlichkeit ist ihm fremd, er zeichnet sich durch Ernst und Bedächtigkeit aus.

Vir humero deferens cutem hirci

Carnifex erit

Ein Mann, der ein Ziegenfell auf der Schulter trägt.

Es wird ein Schinder sein.

12° Ein einsamer Mensch, dem man nie ganz trauen wird. Für gute Ratschläge hat er kein Ohr, er will seine Erfahrungen selbst machen. Sein äußeres Wesen kann rauh und abweisend sein, innerlich aber ist er zart und empfindlich.

Manus tenens cuspidem

Homo litigiosus erit

Eine Hand, die einen Spieß hält.

Der Mensch wird streitsüchtig sein.

13° Ein Mensch, der seine Energie lieber dazu verwendet, in alten Wunden herumzustochern, anstatt neue Aufgaben anzufassen. Er ist daher in seinen Entscheidungen gehemmt und braucht zu allem, was er tut, viel Zeit. Er sollte das Leben nicht zu schwer nehmen und mehr Vertrauen in sich selbst setzen.

¶Vir genu se inclinans

¶Homo nobilis erit

Ein Mann, der kniet.

Der Mensch wird vornehm sein.

14° Ein Mensch, der noch über das Wunder des Lebens staunen kann. Verstand, Denken, Wissen können ihm wichtig sein, geben ihm aber keine sinnvollen Antworten auf die letzten Fragen. Ein Mensch, der sein Wissen nicht nur aus Büchern bezieht.

¶Vir equum equitans nō frenatum

¶Homo sine potestate erit

Ein Mann auf einem ungesattelten Pferd.

Der Mensch wird kraftlos sein.

15° Ein Mensch mit unbändigem Unternehmungsgeist, er möchte am liebsten hundert Pläne zugleich verwirklichen, meist fehlen ihm aber Zielstrebigkeit und Ausdauer. Er kann unbeherrscht und streitsüchtig sein.

Uir cum capite canino

¶ Homo litigiosus erit

Ein Mann mit einem Hundekopf.

Der Mensch wird streitsüchtig sein.

16° Ein Rationalist, der alles verstandesmäßig sieht. Er muß lernen, auf seine Wünsche und Gefühle zu hören, auch sollte er sein gutes Gedächtnis nicht für Weisheit halten. Der dozierende Typ.

Homo per mediū diuisus

¶ Homo pusillanimis erit

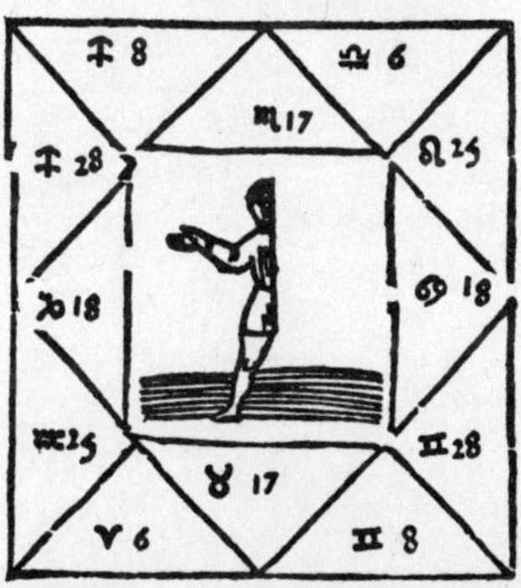

Ein Mensch, der in der Mitte geteilt ist.

Der Mensch wird kleinmütig sein.

17° Dieser Mensch gibt zuviel auf Äußerlichkeiten. Er sollte ehrlicher zu sich selbst sein, dann wird er erfahren, daß gerade das, was ihm an sich häßlich und wertlos erscheint, was er verachtet, sich als das Wichtige erweist.

Uir quatuor habẽs pedes stans ociosus

¶ Homo quiescẽs cum operari debeat

Ein Mensch mit vier Füßen, der untätig dasteht.

Der Mensch soll mehr ruhen als arbeiten.

18° Ein Mensch, der sich vom Leben nicht täuschen läßt. Freud und Leid können ihn nicht so leicht aus der Ruhe bringen. Er kann warten und erreicht jedes Ziel durch Hartnäckigkeit und Ausdauer. Ein Mensch mit starkem Willen und großer Selbstbeherrschung.

Simea cernens se in speculo

¶ Homo superbus erit

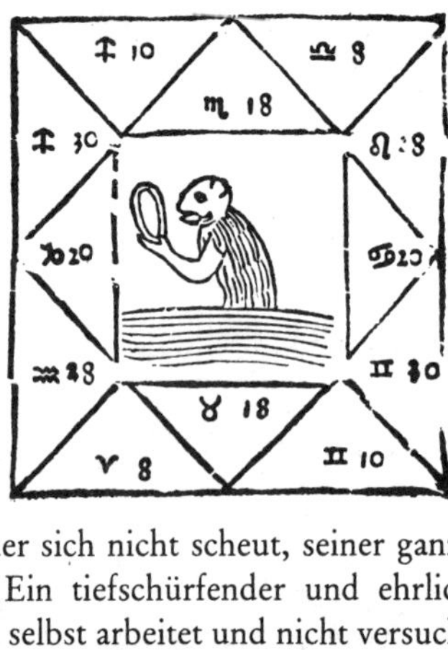

Ein Affe, der sich im Spiegel erkennt.

Der Mensch wird stolz sein.

19° Ein Mensch, der sich nicht scheut, seiner ganzen Wirklichkeit ins Auge zu schauen. Ein tiefschürfender und ehrlicher Charakter, der fortwährend an sich selbst arbeitet und nicht versucht, andere zu ändern oder für sein Schicksal verantwortlich zu machen.

Magister tenens librū apertum

¶ Homo doctus erit

Ein Lehrer, der ein offenes Buch hält.

Der Mensch wird gelehrt sein.

20° Ein Mensch, der leicht lernt und sein Wissen gut weitergeben kann. Doch wird er erfahren, daß es vieles gibt, was niemand ihn lehren wird, daß er mehr in sich selbst hineinhorchen muß, was diesem kritischen philosophischen Geist schwerfällt.

Homo fossorio fodens terram

¶ Laborator erit

Ein Mensch, der mit einem Spaten umgräbt.

Es wird ein Arbeiter sein.

21° Ein zufriedener und ausgeglichener Mensch, liebt alle Arbeiten, die mit Erde zu tun haben, sei es als Bauer oder Bergmann, Architekt, Straßenbauer oder Raupenfahrer. Immer will er die Erde für sich nutzbar machen. Ihm ist nur bei harter Arbeit wohl.

Vir mulierem ducens manu

Amator erit

Ein Mann, der eine Frau an der Hand führt.

Der Mensch wird ein Liebhaber sein.

22° Ein Mensch, dem es schwerfällt, seine Gefühle durch Worte auszudrücken. Zuneigung wächst bei ihm langsam, und selten wird er sich plötzlich verlieben. Wenn es aber geschehen ist, dann ist seine Liebe leidenschaftlich und unerschütterlich, und er wird seinem Partner treu bleiben.

Doleator vasis laborans

Artifex erit

Ein Küfer, der an einem Faß arbeitet.

Es wird ein Künstler sein.

23° Ein Mensch mit großer Liebe zum Detail. Er ist in seiner Arbeit gewissenhaft und hat oft auch kreative Fähigkeiten, wobei er traditionelle Formen bevorzugt. Sein Planen und Werken dient nicht dem Augenblick, sondern der Zukunft. Was er macht, soll von Dauer sein, für seine Kinder und Enkelkinder. Ein Mensch, für den die Zeit arbeitet.

Vir manu deferens auem

Homo nobilis erit

Ein Mann, der einen Vogel in der Hand trägt.

Der Mensch wird vornehm sein.

24° Ein kluger und mutiger Mensch, dem Stil alles ist. Er sollte sich klarmachen, daß ›kultivierte‹ Individualität meist auf Kosten anderer geht. Ein exzentrischer Mensch, der sich ungern etwas sagen läßt.

Silua cum pulchris arboribus

Laborator in silua erit

Ein Wald mit schönen Bäumen.

Es wird ein Holzknecht sein.

25° Ein gelassener und freundlicher Mensch. Er lebt ungezwungen und optimistisch, aber nicht gedankenlos oder leichtsinnig. Er wartet nicht auf große Ereignisse, sondern kostet die kleinen Freuden des Lebens aus. Er ist überall beliebt und gern gesehen.

Homo in graminibus iacens

Homo debilis erit

Ein Mensch, der im Gras liegt.

Der Mensch wird schwach sein.

26° Ein Mensch, der nur langsam in Schwung kommt. Seine Behäbigkeit erweckt den Eindruck von Ruhe und Gelassenheit. Es fällt ihm schwer, das Leben wirklich zu erleben, denn auch wenn er nichts tut, kreisen seine Gedanken um irgendwelche Verpflichtungen; ein Oblomow. Er kann nicht ›abschalten‹.

Homo terram deferens in capite

Homo dives erit

Ein Mensch, der Erde auf dem Kopf trägt.

Der Mensch wird reich sein.

27° Für diesen Menschen kann das Leben oft zur Last werden, er empfindet es als Quelle vieler Leiden. Ein Mensch, der dazu neigt, nur die materielle Seite des Lebens zu sehen, und der alle Probleme mit dem Verstand zu lösen versucht.

Mulier pulchra in scabello sedens

¶ Homo letabundus erit

Eine schöne Frau, die auf einer Bank sitzt.

Der Mensch wird fröhlich sein.

28° Ein Mensch, der zur Nachdenklichkeit neigt und sich oft zuviel Sorgen macht. Er trifft seine Entscheidungen meist als einsamen Entschluß, prüft alles sehr genau, bevor er sich für eine neue Sache begeistern läßt. Er kann nach außen oft abweisend wirken, weil er es für unter seiner Würde hält, Gefühle zu zeigen.

Postrema pars piscis

¶ Homo imperfectus erit in factis

Ein Fischschwanz.

Der Mensch wird in allem, was er tut, unvollkommen sein.

29° Ein Mensch, dessen Kraft noch im Dunkel seines Unbewußten verborgen liegt. Er wirkt nach außen unentschlossen und wankelmütig. Er ist sehr empfindlich und verbirgt seine Gefühle, sehnt sich aber danach, daß sie erkannt werden.

WASSERMANN ♒

Sein Planet ist der Uranus, und sein Ziel heißt Gleichheit, Freiheit, Brüderlichkeit. Darunter versteht der Wassermann-Mensch die Auflösung aller herkömmlichen Ordnungen und die Nivellierung der Klassenunterschiede. Er ist für soziale Gleichheit als Gegensatz zum Herrschaftsprinzip. Sein Ideal ist eine Gesellschaft, in der der Mensch nicht mehr über den Menschen herrscht. Er ist gegen jede Norm und Zentralisierung. Seine Erkenntnisse gewinnt er nicht logisch, sondern durch ›Geistesblitze‹. Man glaubt, daß sich diese Lebenshaltung und Geistigkeit im kommenden Zeitalter des Wassermanns durchsetzen wird.

Es steigt ein Mann auf, der in jeder Hand einen Vogel hält.

Es wird ein Vogelfänger sein.

0° Ein unentschiedener Mensch, der so viele Ideen und Pläne hat, daß es ihm schwerfällt, sie in die Tat umzusetzen, außerdem ist er mit seinen Ideen der Zeit oft voraus, fühlt sich als verkanntes Genie. Über alles liebt er seine Freiheit und ist deshalb für eine Dauerbindung nicht immer geeignet.

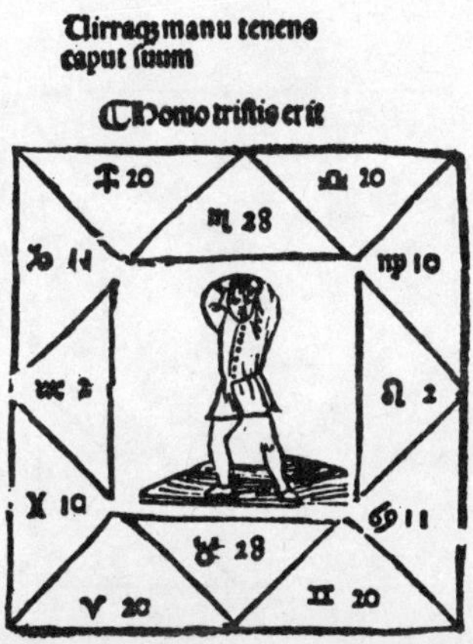

Ein Mann, der sich mit beiden Händen den Kopf hält.

Der Mensch wird traurig sein.

1° Dieser Mensch kann das Gesetz des Handelns als Zwang empfinden. Er mißtraut allen Gesetzmäßigkeiten und hat Zugang zum Irrationalen. Er sucht das, was sich nicht beweisen läßt, das Esoterische und Religiöse.

Vir alius vna manu caput suum tenens

Homo dolore erit plenus

Ein anderer Mann, der sich eine Hand an den Kopf hält.

Der Mensch wird viel leiden.

2° Dieser Mensch ist ein Einzelgänger, der sich von niemandem etwas sagen lassen will. Lieber zerbricht er sich selbst den Kopf, als daß er Hilfe von anderen annimmt.

Vir equitãs thesaurũ suũ reclusum

Mercator erit

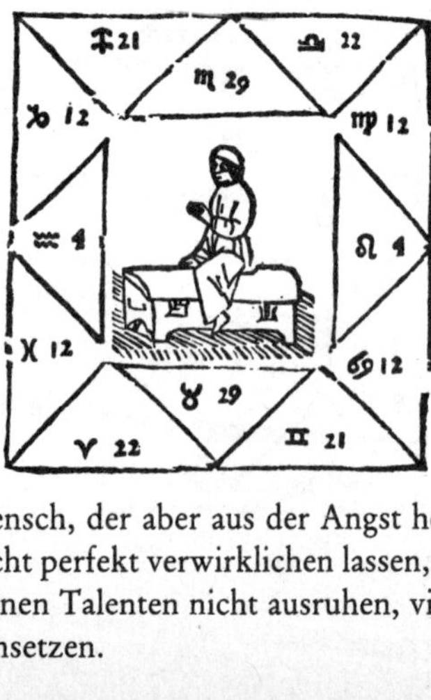

Ein Mann reitet auf seinem eingeschlossenen Schatz.

Es wird ein Kaufmann sein.

3° Ein begabter Mensch, der aber aus der Angst heraus, daß sich seine utopischen Pläne nicht perfekt verwirklichen lassen, lieber gar nichts tut. Er sollte sich auf seinen Talenten nicht ausruhen, vielmehr seine großen Fähigkeiten aktiv einsetzen.

Mulier precedēs ⁊ vir eam sequens

¶ Homo sollicitus erit.

Eine Frau geht voraus, gefolgt von einem Mann.

Der Mensch wird unruhig sein.

4° Ein Mensch, der nicht gern nach logischen Gesichtspunkten handelt, sondern sich von seiner Intuition leiten läßt. Er hat ein gutes Gespür für kommende Ereignisse. Sein Lebensrhythmus ist sprunghaft.

Uir ludens ligniculo

¶ Homo iocosus erit

Ein Mann, der mit einem Stab spielt.

Der Mensch wird humorvoll sein.

5° Dieser Mensch wird sich von niemand bevormunden lassen, sondern nach seinen Vorstellungen leben. Er begreift alles als großes Spiel und macht sich keine Sorgen über sich und die Zukunft.

Euaginatus cultellus in terra iacens

Homo bellicosus erit

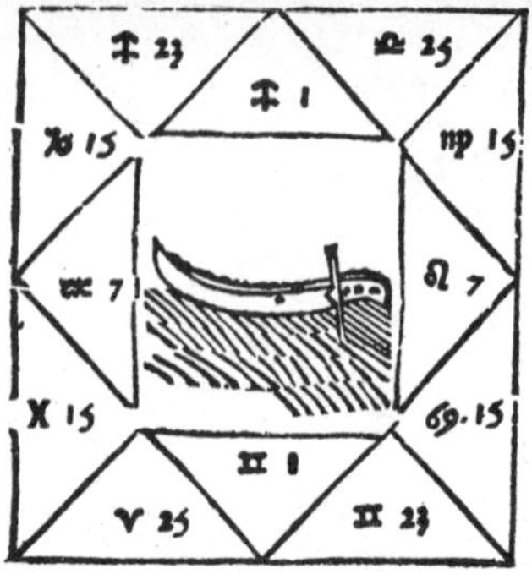

Ein offenes Messer liegt am Boden.

Der Mensch wird kriegerisch sein.

6° Ein Mensch mit großer Entscheidungskraft. Er weiß, was für ihn wichtig ist und handelt auch danach. Er liebt das Risiko und geht bis an die Grenzen. Er durchschaut vordergründige Argumente und sieht das Wesentliche.

Vir manu cathenam tenens

Homo se non possidens

Ein Mann, der eine Kette hält.

Der Mensch, der sich nicht in der Gewalt hat.

7° Dieser Mensch möchte ausbrechen und ein Leben ohne die Fesseln der Vergangenheit führen. Es kann sein, daß er weite Reisen unternimmt und seinen Wohnort wechselt, um sich eine neue Zukunft aufzubauen. Er wird immer wieder die Menschen verlassen wollen, die ihn gut kennen, um völlig frei und ungebunden zu leben.

Vir unus alium a terra elevat

Homo ociosus erit

Ein Mann, der einen anderen aushebt.

Der Mensch wird untätig sein.

8° Ein Mensch, der alle Probleme mit dem Verstand lösen will. Er kennt für alles eine wissenschaftliche Formel, doch seine Worte sind lebensfremd. Der Typ des pessimistischen Intellektuellen mit der Sehnsucht nach einem Lebenssinn.

Vir stans sine capite

Homo sine potestate erit

Ein Mensch, der ohne Kopf dasteht.

Der Mensch wird keine Macht haben.

9° Dieser Mensch spürt, daß seine Intellektualität ihm die Lebensfreude verbaut, und glaubt deshalb ohne Verstand ›unvernünftig‹ leben zu müssen. Er sollte bedenken, daß nicht die Vernunft sterben muß, sondern die alten Verhaltensmuster, damit das Wassermann-Zeitalter beginnen kann.

Vir armatus sine capite

¶ Homo nobilis erit sine potestate

Ein Bewaffneter ohne Kopf.

Ein vornehmer Mensch, der keine Macht hat.

10° Auch dieser Mensch will seine intellektuellen Vorstellungen aufgeben, ohne seine Verhaltensmuster zu verändern. Verteidigung und Berechnung hält er immer noch für notwendig und wichtig, obwohl er weiß, daß diese Mechanismen überlebt sind. Er vergißt, daß eine intellektuelle Wandlung umsonst ist, wenn die praktische Konsequenz fehlt. Der Schreibtisch-Revolutionär.

Vir armatus regem percutiens

¶ Dominator regis erit

Ein Bewaffneter, der einen König erschlägt.

Er wird Herrscher über einen König sein.

11° Das oberste Gebot dieses Menschen ist Ungehorsam. Er will wie Myros die Menschen von der Tyrannei befreien. Er vertritt die Erneuerung, den Umbruch, die Revolution, eine freie Gesellschaft.

Equites multi armati

Homo litigiosus aut raptor erit

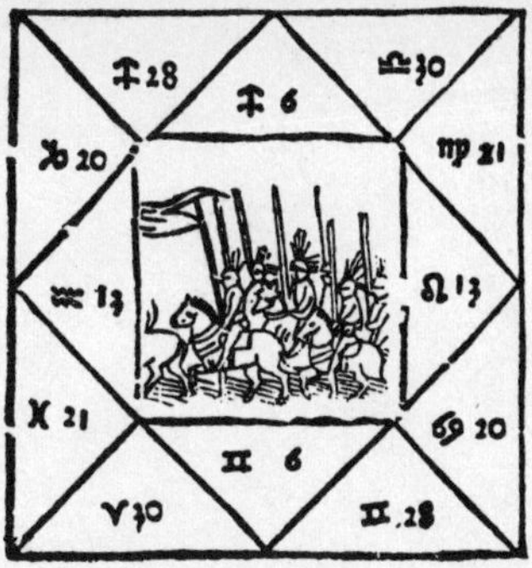

Eine bewaffnete Reiterschar.

Der Mensch wird streitsüchtig und räuberisch sein.

12° Ein Mensch, der seine Fähigkeiten für die Gemeinschaft einsetzt. Er tut es aus Überzeugung und mit Begeisterung und liebt alles Neue, das Experiment und das Ungewöhnliche. Sein soziales Empfinden ist stark ausgeprägt, und er nimmt sich oft der sozial Schwachen an. Doch bleibt er nirgendwo lange, der eintönige Alltag ist nichts für ihn.

Vir manu sua pedē tenens amputatum

Homo tristis erit

Ein Mann, der einen abgeschnittenen Fuß in der Hand hält.

Der Mensch wird traurig sein.

13° Diesen Menschen können unvorhergesehene Ereignisse viel Energie und Substanz kosten. Seine Umgebung hindert ihn daran, sich so zu bewegen und so zu leben, wie er es gerne möchte. Seinem Leben fehlt die Kontinuität. Er gilt als unberechenbar, weil er sich keinem Schema anpaßt.

Duo viri in unicorno sedentes

¶ Homo litigiosus erit

Zwei Männer auf einem Einhorn.

Der Mensch wird streitsüchtig sein.

14° Ein kreativer Mensch mit Sinn für alles Neue und Ungewöhnliche. Er will ungebunden leben und kann die verrücktesten Sachen machen, ist gesellschaftlich nicht einzuordnen und sorgt immer wieder für Überraschungen. Er versteht es, seine urwüchsige Triebhaftigkeit in Kunst umzusetzen. Man findet ihn als Schauspieler, Schriftsteller, Erfinder, als Menschen, der seiner Zeit voraus ist.

Vir ignem tenens in manu sua.

¶ Laborator erit cum igne

Ein Mann, der ein Feuer in der Hand hält.

Er wird mit Feuer arbeiten.

15° Dieser Mensch ist von Sendungsbewußtsein erfüllt und kann andere begeistern. Ein Kämpfer für Humanität und Gerechtigkeit, aber mit einer Tendenz zum Fanatismus.

Mulier iacens lecto egritudinis

¶ Homo infirmus erit ac ociosus

Eine Frau, die krank im Bett liegt.

Der Mensch wird schwach und untätig sein.

16° Dieser Mensch kann aus leidvollen Erfahrungen lernen. Er neigt dazu, sein Leben neu zu überdenken und alte Gewohnheiten aufzugeben, seine ganze Energie für neue Pläne einzusetzen.

Noctua magna quiescens

¶ Homo inuidus erit

Eine große ruhende Eule.

Der Mensch wird neidisch sein.

17° Auf den Rat dieses Menschen sollte man hören. Er hat ein gutes Gespür für die Hintergründe und Motive menschlichen Handelns, durchschaut verkappte Eitelkeiten und neigt zur Eulenspiegelei.

Vir caput tenens amputatū in manu

¶ Homo potestatem habens

Ein Mann, der einen abgetrennten Kopf in Händen hält.

Der Mensch wird Macht haben.

18° Ein Prokrustes, der alles und jeden nach seinem Ideal formen will, oft der Dogmatiker in Kirche oder Politik. Es fällt ihm schwer zu begreifen, daß jeder seinen Platz in dieser Welt hat und eine einmalige Persönlichkeit ist.

Mulier decrepita baculo se sustentans

¶ Homo debilis erit

Eine alte Frau, die sich auf einen Stock stützt.

Der Mensch wird gebrechlich sein.

19° Ein Mensch, der feinfühlig und sensibel ist, jedoch aus Angst vor Enttäuschungen seine wahren Gefühle verbirgt. Er versucht sich jeder Verantwortung zu entziehen, indem er sich hilflos und schwach stellt, um andere dazu zu bringen, für ihn zu handeln.

Hō vestibus indutus supine iacens in terra

Homo infirmus erit

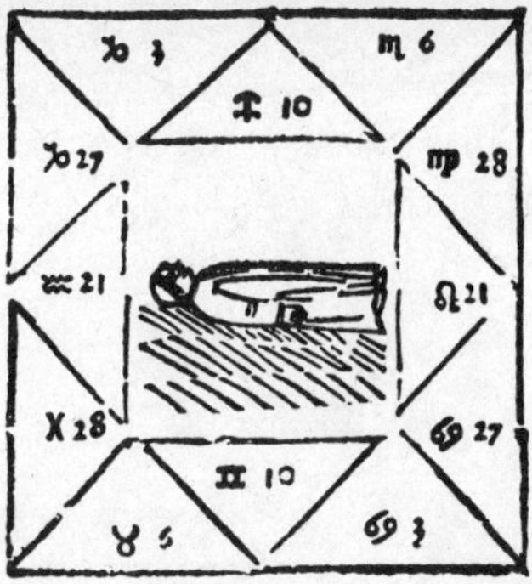

Ein schön gekleideter Mensch, der rücklings am Boden liegt.

Der Mensch wird schwach sein.

20° Diesem Glücklichen schlägt keine Stunde. Mit fröhlicher Ungeduld und Gespür für den Rhythmus des Lebens verbringt er sein Dasein. Er hat akzeptiert, daß alles Zeit braucht und daß man lernen muß, zur rechten Zeit das Richtige zu tun. Dieser Mensch hat in sich ›das Schweigen der See, den Lärm der Erde und die Musik der Lüfte‹. (Tagore)

Uir securi alteri manus trūcat ⁊ pedes

Homo maleficus erit

Ein Mann, der einem anderen mit dem Beil Hände und Füße abschlägt.

Der Mensch wird ein Verbrecher sein.

21° Diesem Menschen fällt es schwer, sein inneres Gleichgewicht zu finden. Daher ist er häufig passiv, was ihm wieder Nachteile einbringen kann, die er durch Aggressionen zu kompensieren sucht. Seine Aufgabe wird es sein, sich darüber klar zu werden, was er eigentlich will, und erst dann zu handeln.

Canes duo mutuo currentes

¶ Homo ocioſus erit

Zwei Hunde, die nebeneinander laufen.

Der Mensch wird untätig sein.

22° Ein Mensch, der oft voll Unruhe und Rastlosigkeit ist. Er wechselt seine Pläne und Ziele, kann aber sehr ehrgeizig sein. In seinen Gefühlen ist er schwankend und zuweilen launisch.

Vir plorans manu ſe tergens

¶ Homo ſemper triſtis erit

Ein Mann, der weinend die Hände ringt.

Der Mensch wird immer traurig sein.

23° Dieser Mensch empfindet unbefriedigende Beziehungen als so deprimierend, daß er dazu neigt, sich abrupt aus solchen Zwängen zu befreien. Er wird dann sein Glück finden, wenn er es nicht mehr erwartet, wenn er alle Hoffnung aufgegeben hat.

Vir cuspidem magnum ferens

¶ Fur erit & nequam

Ein Mann, der einen langen Spieß trägt.

Es wird ein Dieb und Nichtsnutz sein.

24° Ein Mensch, der sich durchsetzen wird. Seine Interessen können sich häufig ändern, und sobald ein Ziel erreicht ist, wendet er sich einer neuen Aufgabe zu. Ein Mensch, der ein Leben lang auf der Suche ist, aber trotzdem sicher seinen Weg geht.

Fons fluens ex monte magno

¶ Homo instabilis erit

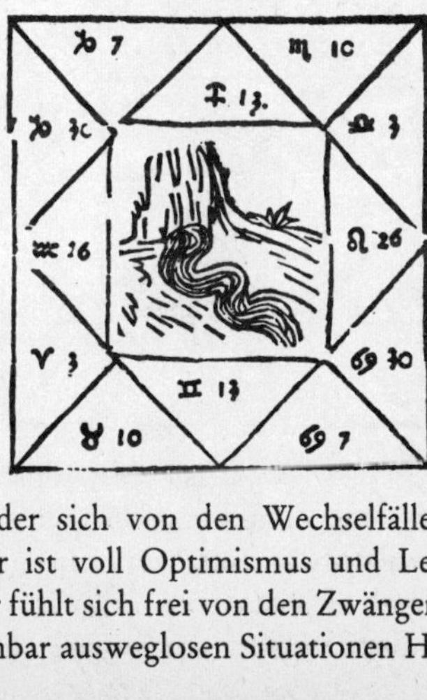

Eine Quelle, die von einem hohen Berg kommt.

Der Mensch wird unruhig sein.

25° Ein Mensch, der sich von den Wechselfällen des Lebens nicht erschüttern läßt. Er ist voll Optimismus und Lebensfreude, auch in schweren Zeiten. Er fühlt sich frei von den Zwängen der Gegenwart und wird daher in scheinbar ausweglosen Situationen Hilfe erfahren.

Domus pluribus circũdata sepibus

¶ Homo tutus erit in factis suis

Ein Haus, von Zäunen umgeben.

Der Mensch wird sicher sein in allem, was er tut.

26° Ein selbstsicherer Mensch. Er läßt sich von niemand vereinnahmen, tritt den Mitmenschen reserviert gegenüber und gibt sich zuweilen unnahbar. Wenn er aber einmal Vertrauen zu einem Menschen gefaßt hat, ist er ein zuverlässiger und verständnisvoller Freund.

Vir bibens ex vasculo.

¶ Homo letus erit

Ein Mann, der aus einem Krug trinkt.

Der Mensch wird fröhlich sein.

27° Dieser Mensch nimmt an, was das Leben an Freude und Leid bringt. Er wird auch in den brenzligsten Situationen einen einfachen Ausweg finden, der anderen genial vorkommt. Sein Geheimnis ist, daß er gelernt hat, immer auch die andere Seite der Medaille zu sehen, deshalb hat er auch Verständnis für die Schwächen der Mitmenschen.

Vir in equo sedens gladiū tenens eua
ginatum manu sua
¶ Homo litigiosus erit.

Ein Reiter, der ein blankes Schwert in der Hand hält.

Der Mensch wird streitsüchtig sein.

28° Ein Mensch, der weiß, was er will. Er versteht es, seine Ideen auf originelle Weise zu verwirklichen. Seine Stärke liegt in der Verteidigung. Zielstrebig verfolgt er seine Pläne und steht auch zu seinen Aggressionen. Es kann der Aufsteiger sein, der sich mit Statussymbolen umgibt.

Rex coronatus sedens
¶ Homo quietus regna

Ein gekrönter König.

Ein Mensch, der ruhig herrscht.

29° Ein Mensch, der seine Stellung nicht ausnutzt, um andere zu schikanieren, weil er erkannt hat, daß Gewalt nur neue Gewalt erzeugt. Er ist hilfsbereit und friedfertig aus Intelligenz und nicht aus Schwäche. Er will niemand bevormunden und erwartet das auch von anderen.

FISCHE ♓

Ihr Planet ist der Neptun, der die Tendenz hat, alles Vordergründige aufzulösen, um den Hintergrund sichtbar werden zu lassen. Das bedeutet die Abkehr vom praktischen Leben und die Einkehr in die Seele. Der Fische-Mensch sieht das verborgene Wesen der Dinge. Er erreicht sein Ziel, weil er es nicht mehr will. Er braucht viel Freiheitsraum und wird nie ganz zu fassen sein. Einfühlungsvermögen und Mitleiden mit dem Schwachen zeichnen ihn aus. Er ist leicht beeinflußbar und erschafft sich eine Traumwelt, wenn er mit der Wirklichkeit nicht zurechtkommt.

Ascedunt duo viri vnum caput habentes.

¶ Homo litigiosus erit ⁊ instabilis.

Es steigen zwei Männer auf, die einen Kopf haben.

Der Mensch wird streitsüchtig und wankelmütig sein.

0° Ein Mensch mit zwei Seelen in der Brust. Hat starkes Einfühlungsvermögen für Situationen und andere Menschen. Deshalb fällt es ihm schwer, Entscheidungen zu fällen, weil er zu viele Hintergründe erkennt. Er kann künstlerisch begabt sein, aber auch zu Alkohol- und Drogenmißbrauch neigen. Ein sehr sensibler Mensch.

Vir in terra sedens.

¶ Rusticus erit.

Ein Mann, der auf dem Boden sitzt.

Er wird ein Bauer sein.

1° Ein Mensch mit wenig Eigeninitiative. Er will alles geschenkt bekommen und hofft, daß sich das Glück von selbst einstellt, ist ängstlich und will Sicherheiten nicht aufgeben. So bleiben oft seine Möglichkeiten ungenutzt, auch in der Liebe.

Vir cuneum comedens.

Pistor erit

Ein Mensch, der ein Brot ißt.

Es wird ein Müller sein.

2° Ein Mensch, der alles nimmt, wie es das Leben bringt, das Gewöhnlichste wie das Kostbarste. Er hat ein starkes Bedürfnis nach gemütvoller Übereinstimmung in geselliger Atmosphäre.

Unicornus supine iacens in terra.

Homo sĩe potestate erit.

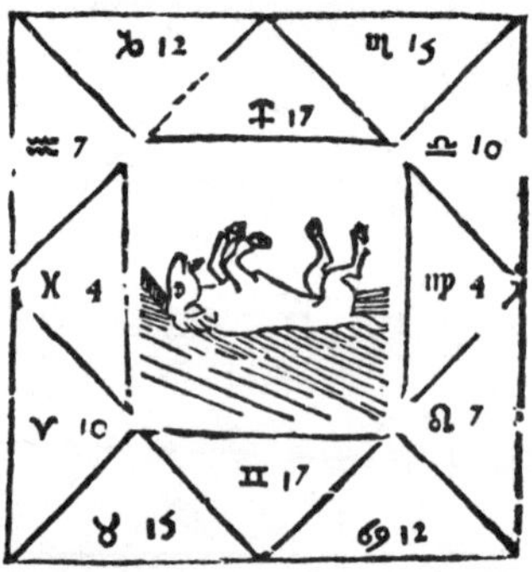

Ein Einhorn, das auf dem Rücken liegt.

Der Mensch wird machtlos sein.

3° Ein Mensch, dem der Erfolg nicht leichtfällt. Es kann sein, daß er die Verantwortung auf andere abschieben will oder daß er sich selbst nicht für wichtig hält und sich einem höheren Gesetz ausliefert. So kann er zum Mystiker werden.

Duo virgines mutuo stantes

¶ Homo iocundus erit.

Zwei Jungfrauen, die nebeneinander stehen.

Der Mensch wird humorvoll sein.

4° Ein Mensch, der in allem, was er tut, an den anderen denkt. Es kann ein starker Hang zu praktischer Nächstenliebe vorhanden sein. Engen Beziehungen geht er jedoch lieber aus dem Weg, er braucht einen Raum der Freiheit um sich.

Auis magna stans & comedens.

¶ Homo auarus erit.

Ein großer Vogel, der frißt.

Der Mensch wird habgierig sein.

5° Ein Mensch, der seine Ideen aus der Tradition schöpft. Ihm kann Selbstvertrauen und der Glaube an die Zukunft fehlen. Er ist oft ruhelos und unzufrieden und erschreckt seine Umgebung mit düsteren Voraussagen.

Uir manu nolam tenens.

Custos ecclesie erit.

Ein Mann, der in der Hand eine Schelle hat.

Er wird Meßner sein.

6° Ein Mensch, der gerne auffallen möchte. Er hat Freude an verrückten Ideen, die er mit großem Einfallsreichtum zu verwirklichen sucht, kann oberflächlich und leichtlebig sein. Ein Lebenskünstler.

Uir in tina sedens perisama habens in manu.

Balneator erit.

Ein Mann, der in einem Faß sitzt und eine Bürste in der Hand hält.

Es wird ein Badender sein.

7° Ein sehr sensibler und leicht verletzbarer Mensch. Er neigt zu übertriebener Beschäftigung mit sich selbst und will alle Probleme allein lösen. Handelt nach seinen eigenen Vorstellungen aus Angst vor dem Unüberschaubaren. So kann er ein zurückhaltender, introvertierter Mensch sein.

Vir perigrinatũ ambulans.

¶ Homo religiosus erit.

Ein wandernder Pilger.

Der Mensch wird religiös sein.

8° Ein Mensch, der auf der Suche nach neuen Horizonten ist. Das kann eine Idee sein, ein Land oder neue Freunde. Er genießt alle Freuden und Schönheiten, ohne daran hängenzubleiben, ein Wanderer zwischen den Welten.

Vis laborans in mortario.

¶ Homo laborosus erit.

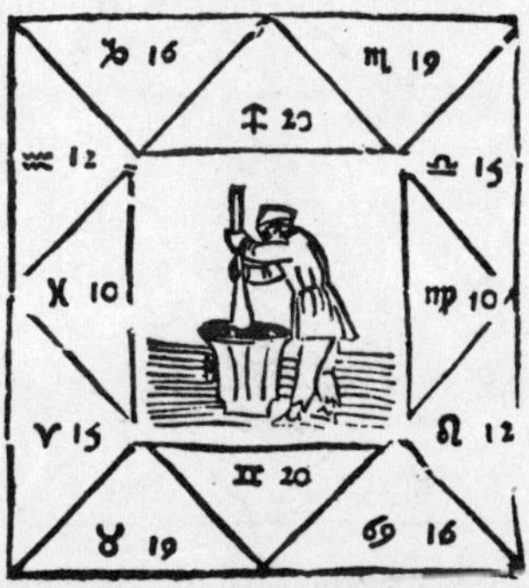

Ein Mann arbeitet an einem Mörser.

Der Mensch wird arbeitsam sein.

9° Ein Mensch, dem scheinbar das Gefühl für alles Zarte fehlt. Er kann zu sich selbst hart sein und auch zu anderen, alte Formen zerstören, um Neues daraus entstehen zu lassen. Er wird oft selbst einen Umwandlungsprozeß durchmachen müssen.

Uir incedens cum baculo.

¶ Homo vagus erit

Ein Mensch, der mit einem Stab geht.

Der Mensch wird unbeständig sein.

10° Ein friedfertiger Mensch, der gern allein ist und nur zögernd auf andere zugeht. Lieber denkt er über sich und die Welt nach und erträumt sich Begegnungen mit anderen Menschen.

Iuuenis bene ornatus retro respiciens.

¶ Homo ociosus erit.

Ein schön gekleideter Jüngling, der zurückblickt.

Der Mensch wird untätig sein.

11° Ein Mensch, dem es schwerfällt, die Vergangenheit hinter sich zu lassen und erwachsen zu werden. Er träumt noch von seiner Kindheit und Jugendzeit, und es macht ihm Mühe, das alltägliche Leben zu meistern. Er muß lernen, von seiner Vergangenheit Abschied zu nehmen, sonst erstarrt er zur Salzsäule wie Fraut Lot.

Vir ⁊ mulier in equis spaciantes.

¶Homo ociosus erit.

Ein Mann und eine Frau, die reiten.

Der Mensch wird untätig sein.

12° Ein Mensch, der sich gern in andere Bewußtseinsbereiche tragen läßt. Er hat viel Schwung und Energie in seinen Handlungen. Sein Denken ist beweglich und undogmatisch. Ein gefühlsstarker Mensch.

Vir ligna secans in silua.

¶Homo laborator erit.

Ein Mann, der im Wald Holz schlägt.

Der Mensch wird arbeitsam sein.

13° Ein Mensch, der gerne für die Gemeinschaft arbeitet, ohne dabei im Rampenlicht der Öffentlichkeit stehen zu wollen. Er gehört zu jenen, die sich vor keiner Aufgabe und Verantwortung drücken und alle die Tätigkeiten verrichten, die nach außen unscheinbar sind.

Vir cultrū habens euaginatum.

Homo ad litem se parans.

Ein Mann, der ein blankes Messer in der Hand hält.

Der Mensch wird sich zum Streit bereiten.

14° Ein Mensch, der aggressiv wirkt, innerlich aber friedfertig ist. Aus Furcht vor eigenem Schmerz versucht er anderen Angst zu machen, wenn sie über ihn bestimmen wollen. Er ist der Held aus Schwäche, der sich bestätigt fühlt, wenn er andere verteidigen kann.

Homo aut deferens in manu sue gallū

Homo nobilis erit.

Ein Mann, der einen Hahn in der Hand hält.

Der Mensch wird vornehm sein.

15° Ein Mensch, der seine reine Weste stolz zur Schau stellt, doch ist seine Tugend eher ein Mangel an Gelegenheit. Wegen seiner Selbstgerechtigkeit wird er es mit anderen Menschen schwerhaben.

Homo in aquam se mergens.

¶ Homo sine sensu.

Ein Mann, der sich ins Wasser stürzt.

Der Mensch wird gedankenlos sein.

16° Dieser Mensch hat Vertrauen in das Leben und genießt es, ohne Angst und ohne an die eigene Sicherheit zu denken. Er kann sich immer wieder von alten Vorstellungen und Verhaltensweisen lösen; ohne auf sich selbst Rücksicht zu nehmen, ist er bereit, sich für andere aufzuopfern.

Duo equestri mutuo bellantes.

¶ Homo litigiosus erit.

Zwei Reiter, die gegeneinander kämpfen.

Der Mensch wird streitsüchtig sein.

17° Dieser Mensch hat ein kompliziertes Innenleben und kann auch als Partner schwierig sein. Er hat ein feuriges Temperament und ist hin- und hergerissen zwischen der profanen Gegenwart und seinen hohen Erwartungen.

Vir gladio ſe tranſfodiens.

¶Homo cauſa erit ſue mortis.

Ein Mann, der sich ins Schwert stürzt.

Der Mensch wird ein Selbstmörder sein.

18° Dieser Mensch neigt dazu, alte Vorstellungen aufzugeben, die sich sein Ego aufgebaut hat, um sich für eine große Lebensaufgabe zu entscheiden. Ein Mensch, der seine Todesahnungen und Ängste sublimieren kann.

Luna in nocte lucens.

¶Homo inſtabilis erit.

Ein Mond, der in der Nacht scheint.

Der Mensch wird wankelmütig sein.

19° Ein Mensch, der sich von seinen Gefühlen leiten läßt, intuitiv Zusammenhänge erkennt. Er fühlt sich eins mit dem Kosmos – für ihn gibt es keine getrennten Dinge und Ereignisse – und ist oft medial veranlagt. Ein Mystiker oder Künstler.

Unus alterum gladio transfigens.

¶ Homicida erit.

Zwei Männer, die sich gegenseitig mit dem Schwert durchbohren.

Es wird ein Mörder sein.

20° Ein Mensch, der seine Aggressionen nach außen trägt. Er kann streitsüchtig sein, obwohl er oft selbst nicht weiß, warum. Mit ihm zusammenzuarbeiten ist schwierig.

Mulier veste lacerata induta.

¶ Homo impudicus erit.

Eine Frau, die mit einem Ziegenfell bekleidet ist.

Der Mensch wird unkeusch sein.

21° Ein ehrlicher Mensch, der in sich hineinschauen läßt und seine Gefühle nicht versteckt. Seine Freizügigkeit wirkt verführerisch und gefährlich, ist aber nicht destruktiv, sondern nur Ausdruck seiner Offenheit.

Mulier in naui nauigans.

Homo instabilis erit.

Eine Frau, die in einem Boot fährt.

Der Mensch wird wankelmütig sein.

22° Ein Mensch, der mitten in der Welt lebt, aber ungerührt seine Bahn zieht. Er setzt sich häufig Gefahren aus und wird daher ein abwechslungsreiches Leben führen. Ein Mensch, der immer nach seinem Herzen lebt.

Vir et mulier iacentes in lecto.

Homo lasciuus erit.

Ein Mann und eine Frau, die im Bett liegen.

Der Mensch wird sinnlich sein.

23° Ein Mensch, der für die Liebe geboren ist. Liebe und Sexualität empfindet er nicht nur als Begegnung zwischen zwei Menschen, sondern als leidenschaftliches Einswerden mit der orgiastischen Schöpfung.

Uir lapidem proijciens funda.

Homo litigiosus erit

Ein Mann, der einen Stein wegschleudert.

Der Mensch wird streitsüchtig sein.

24° Dieser Mensch will alles Unangenehme abschütteln. Seine Probleme sollen andere lösen. Er will angenehm und sorgenfrei leben. Ein Mensch mit vielen verdrängten Problemen.

Mulier viro caput amputat securi in somnis

Homicida erit.

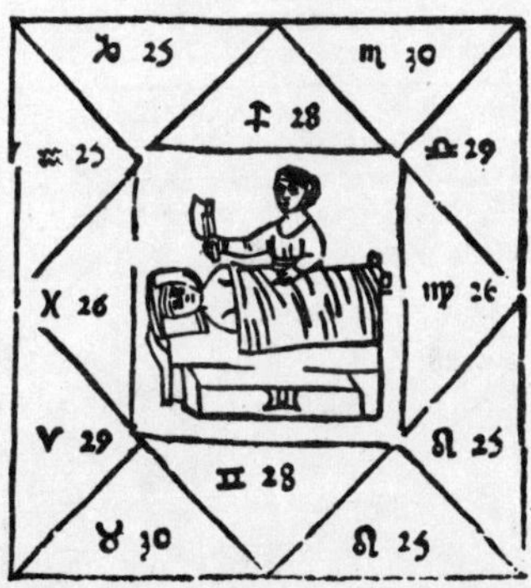

Eine Frau, die einem schlafenden Mann mit einem Beil den Kopf abschlägt.

Es wird ein Mörder sein.

25° Ein Mensch, der sich von seinen Gefühlen beherrschen läßt. Er mißtraut seinem Verstand und neigt dazu, sich in erotische Traumwelten zu verlieren. Wenn sich seine Wünsche nicht realisieren, kann er aggressiv auf seine Partner reagieren. Er sollte offener über seine Träume und Bedürfnisse sprechen.

Uir nudus vrinam suam proijciens.

Homo impudicus erit.

Ein nackter pinkelnder Mann.

Der Mensch wird schamlos sein.

26° Ein glücklicher Mensch. Er schluckt nichts herunter und läßt nichts auf sich sitzen. Vergangenes berührt ihn wenig, das Leben beginnt für ihn jeden Tag neu. Er läßt die Sonne nicht über seinem Zorn untergehen. Ein Mensch, der die Freuden des Lebens genießen kann.

Uir prope equum ambulans tenens ma
nu vna auem ⁊ altera serpentem.
Homo mirabilis erit sensuum.

Ein Mann, der neben einem Pferd geht, in der einen Hand hält er einen Vogel, in der anderen eine Schlange.

Der Mensch wird wundersame Gedanken haben.

27° Dieser Mensch läßt sich von seinen Trieben und Wünschen, wie auch von seinem exzentrischen Intellekt leiten. Er löst alles Vordergründige auf und sieht das Wesentliche. Er zeichnet sich durch Klugheit, gezielt eingesetzte Energie und geistvolle Ideen aus.

Piscis magnus sine aquis.

Homo instabilis erit.

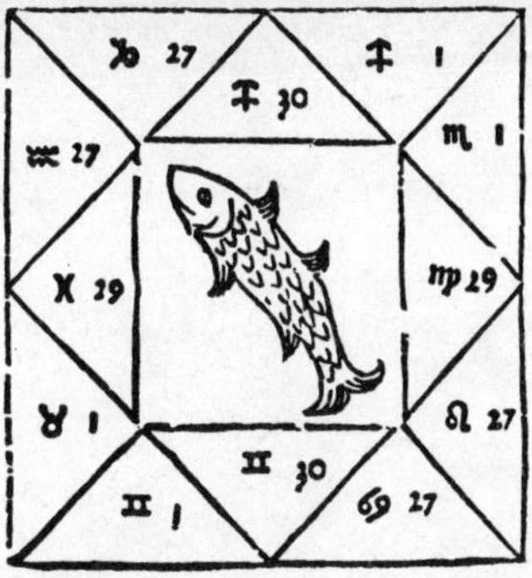

Ein großer Fisch ohne Wasser.

Der Mensch wird wankelmütig sein.

28° Dieser Mensch kann alles erreichen, wenn er nicht darum kämpft, wenn er das ›Geheimnis der Dinge‹ erkennt: »Wer sie pflücken will, dem entfallen sie, wer sich an sie hängt, dem werden sie entrissen, wer aber an ihnen vorübergeht, dem laufen sie nach.«

Mulier se in speculo cernens.

Homo superbus erit ⁊ incastus.

Eine Frau, die in den Spiegel schaut.

Der Mensch wird stolz und unkeusch sein.

29° Ein Mensch, der sich zuviel nach anderen richtet. Er benutzt sie, um zur Selbsterkenntnis zu kommen. Er neigt daher dazu, sich fremdbestimmen zu lassen und zuwenig auf sich selbst zu hören.

ANHANG

ERKLÄRUNG ZU DEN TABELLEN

Um den *Aszendenten* festzustellen, sieht man in der Tabelle beim Geburtstag nach (1). Dort findet man in der 3. Spalte unter ›Zeit‹ eine Zeitangabe. Diese Zeitangabe zählt man zur Geburtszeit (Stunde plus Minuten) hinzu. Dann sucht man in der Städtetafel (S. 250) die Stadt auf, die dem Geburtsort am nächsten liegt, und zieht die dort angegebenen Minuten bei – ab oder zählt sie bei + hinzu und merke sich den Breitengrad. Kommt eine Zeit von über 24 Stunden heraus, so muß man 24 Stunden abziehen. Diese Zeitangabe sucht man in der Spalte ›Zeit‹ (3) auf. Trifft die Zeit nicht exakt zu, dann benutzt man die nächstliegende nach oben oder unten. Man liest den dazugehörenden Aszendenten unter dem richtigen Breitengrad ab und beachtet auch das dazugehörige Tierkreiszeichen (siehe Zeichenerklärung). Die Deutung des Aszendenten findet man im Textteil unter dem entsprechenden Tierkreiszeichen und Grad, man vergleiche auch die benachbarten Grade.

Die oben errechnete Zeitangabe dient auch zur Ermittlung der *Himmelsmitte.* Man findet sie unter Mc (Spalte 4). Die Deutung der Himmelsmitte findet man im Textteil unter dem entsprechenden Tierkreiszeichen und Grad und vergleicht auch die benachbarten Grade.

Den *Sonnenstand* liest man *nur* unter dem Datum des *Geburtstages* ab (Spalte 2). Die Deutung der Sonne findet man im Text unter dem entsprechenden Tierkreiszeichen und Grad und vergleicht auch die benachbarten Grade.

Bei Sommerzeit (S. 252) muß man eine Stunde von der Geburtszeit abziehen.

ZEICHENERKLÄRUNG

Widder	♈	Löwe	♌	Schütze	♐
Stier	♉	Jungfrau	♍	Steinbock	♑
Zwillinge	♊	Waage	♎	Wassermann	♒
Krebs	♋	Skorpion	♏	Fische	♓

Himmelsmitte = Medium coeli = Mc
Sonnenstand = ☉

BEISPIEL

Geboren am 29.12. um 18 Uhr 18 in Wien

Zeit am 29.12.	=	6 Stunden 30 Minuten
+ eigene Geburtszeit	=	+ 18 Stunden 18 Minuten
		24 Stunden 48 Minuten
Wien 48° + 6 Minuten	=	+ 6 Minuten
		24 Stunden 54 Minuten
da über 24 Stunden		– 24 Stunden
		0 Stunden 54 Minuten

Diese Zeit suche ich in der Tabelle unter der Spalte »Zeit« auf und finde unter 48° einen Aszendenten von 4° Löwe und eine Himmelsmitte von 14° Widder. Die Sonne steht am 29.12. auf 7° Steinbock.

Diese Ergebnisse schlage ich bei den jeweiligen Graden nach und finde:

Aszendent 4° Löwe: Die Anlage

Ein kluger Mensch, der weiß, daß, wer der Wahrheit zuhört, nicht geringer ist als der, der die Wahrheit ausspricht. Er ist der geborene Philosoph, der nicht neue Ideologien verbreitet, sondern die Geheimnisse des Lebens ergründen will, hat ein Gespür für Träume und Mythen.

Aszendent 3° Löwe scheint besser zu entsprechen:

Ein religiöser Mensch, der seinen Glauben aus dem Leben bezieht. Alles Unbekannte, Geheimnisvolle, Mystische zieht ihn an. Er redet wenig davon, aber sein ganzes Leben ist tätige Religion.

Sonne 7° Steinbock: Die Verwirklichung

Ein vornehmer Mensch mit hohen Idealen oder auch verrückten Gedanken. Durch Wort und Schrift kann er seine unkonventionellen Ideen ins praktische Leben umsetzen. Nur Ausdauer und Selbstdisziplin werden ihm Anerkennung bringen.

Himmelsmitte 14° Widder: Das Ziel

Ein Mensch, der bereit ist anzunehmen, was das Leben bringt. Er kämpft, ohne wirklich zu kämpfen, was ihn oft als »Nichtsnutz« erscheinen läßt. Er läßt den Zufall für sich arbeiten, weil er weiß, daß er alles bekommen wird, wenn er es ersehnt. Oft bekommt er etwas anderes, als er rational erwartet, es ist aber immer das, was er sich im Innersten erhoffte.

JANUAR

1 Tag	2 Sonne ⊙	3 Zeit	4 Himmelsmitte Mc	5 Aszendent 46°	48°	50°	52°	54°
1	10 ♑	6.40	9 ♋	7 ♎	7 ♎	7 ♎	7 ♎	6 ♎
2	11	6.44	10	8	8	7	7	7
3	12	6.48	11	9	8	8	8	8
4	13	6.52	11	9	9	9	9	8
5	14	6.56	12	10	10	10	9	9
6	15	7.00	13	11	11	10	10	10
7	16	7.04	14	12	11	11	11	10
8	17	7.08	15	12	12	12	11	11
9	18	7.12	16	13	13	12	12	12
10	19	7.16	17	14	13	13	13	13
11	20	7.20	18	15	14	14	14	13
12	21	7.24	19	15	15	15	14	14
13	22	7.28	20	16	16	15	15	14
14	23	7.32	21	17	16	16	16	15
15	25	7.36	22	18	17	17	16	16
16	26	7.40	23	18	18	17	17	17
17	27	7.44	24	19	19	18	18	17
18	28	7.48	25	20	19	19	18	18
19	29	7.52	26	21	20	20	19	19
20	0 ♒	7.56	26	21	21	20	20	19
21	1	8.00	27	22	22	21	20	20
22	2	8.04	28	23	22	22	21	21
23	3	8.08	29	24	23	22	22	21
24	4	8.12	0 ♌	24	24	23	23	22
25	5	8.16	1	25	24	24	23	23
26	6	8.20	2	26	25	25	24	23
27	7	8.24	3	26	26	25	25	24
28	8	8.28	4	27	27	26	25	25
29	9	8.32	5	28	27	27	26	25
30	10	8.36	6	29	28	27	27	26
31	11	8.40	7	29	29	28	27	27

FEBRUAR

1	2	3	4	5				
			Himmels-					
	Sonne		mitte	Aszendent				
Tag	⊙	Zeit	Mc	46°	48°	50°	52°	54°
1	12 ♒	8.43	8 ♌	0 ♏	0 ♏	29 ♎	28 ♎	27 ♎
2	13	8.47	9	1	0	0 ♏	29	28
3	14	8.51	10	2	1	0	0 ♏	29
4	15	8.55	11	2	2	1	0	29
5	16	8.59	12	3	2	2	1	0 ♏
6	17	9.03	13	4	3	2	2	1
7	18	9.07	14	5	4	3	2	2
8	19	9.11	15	5	5	4	3	2
9	20	9.15	16	6	5	5	4	3
10	21	9.19	17	7	6	5	4	4
11	22	9.23	18	8	7	6	5	4
12	23	9.27	19	8	8	7	6	5
13	24	9.31	20	9	8	7	7	6
14	25	9.35	21	10	9	8	7	6
15	26	9.39	22	11	10	9	8	7
16	27	9.43	23	11	10	10	9	8
17	28	9.47	24	12	11	10	9	8
18	29	9.51	25	13	12	11	10	9
19	0 ♓	9.55	26	14	12	12	11	10
20	1	9.59	27	14	13	12	11	10
21	2	10.03	28	15	14	13	12	11
22	3	10.07	29	16	15	14	13	12
23	4	10.11	0 ♍	17	16	15	13	12
24	5	10.15	1	17	16	15	14	13
25	6	10.19	2	18	17	16	15	14
26	7	10.23	3	19	18	17	16	14
27	8	10.27	4	20	19	17	16	15
28	9	10.31	5	20	19	18	17	16

1 Tag	2 Sonne ⊙	3 Zeit	4 Himmelsmitte Mc	5 Aszendent 46°	48°	50°	52°	54°
1	10 ♓	10.34	6 ♍	21 ♏	20 ♏	19 ♏	17 ♏	16 ♏
2	11	10.38	7	22	20	19	18	17
3	12	10.42	8	22	21	20	19	17
4	13	10.46	9	23	22	21	19	18
5	14	10.50	10	24	23	21	20	19
6	15	10.54	12	25	23	22	21	20
7	16	10.58	13	25	24	23	22	20
8	17	11.02	14	26	25	24	22	21
9	18	11.06	15	27	26	24	23	22
10	19	11.10	16	28	26	25	24	22
11	20	11.14	17	28	27	26	24	23
12	21	11.18	18	29	28	27	25	24
13	22	11.22	19	0 ♐	29	27	26	24
14	23	11.26	20	1	29	28	27	25
15	24	11.30	21	1	0 ♐	29	27	26
16	25	11.34	22	2	1	29	28	26
17	26	11.38	23	3	2	0 ♐	29	27
18	27	11.42	25	4	2	1	29	28
19	28	11.46	26	4	3	2	0 ♐	28
20	29	11.50	27	5	4	2	1	29
21	0 ♈	11.54	28	6	5	3	2	0 ♐
22	1	11.58	29	7	5	4	2	1
23	2	12.02	0 ♎	8	6	5	3	1
24	3	12.06	1	8	7	5	4	2
25	4	12.10	2	9	8	6	4	3
26	5	12.14	3	10	8	7	5	4
27	6	12.18	4	11	9	8	6	4
28	7	12.22	5	12	10	8	7	5
29	8	12.26	7	12	11	9	7	6
30	9	12.30	8	13	12	10	8	6
31	10	12.34	9	14	12	11	9	7

APRIL

1 Tag	2 Sonne ☉	3 Zeit	4 Himmels- mitte Mc	5 Aszendent 46°	48°	50°	52°	54°
1	11 ♈	12.37	10 ♎	15 ♐	13 ♐	11 ♐	9 ♐	8 ♐
2	12	12.41	11	15	14	12	10	8
3	13	12.45	12	16	15	13	11	9
4	14	12.49	13	17	15	14	12	10
5	15	12.53	14	18	16	14	12	10
6	16	12.57	15	19	17	15	13	11
7	17	13.01	16	20	18	16	14	12
8	18	13.05	17	20	19	17	15	13
9	19	13.09	18	21	19	18	16	13
10	20	13.13	19	22	20	18	16	14
11	21	13.17	20	23	21	19	17	15
12	22	13.21	21	24	22	20	18	16
13	23	13.25	22	25	23	21	19	17
14	24	13.29	24	26	24	22	20	17
15	25	13.33	25	26	25	23	20	18
16	26	13.37	26	27	25	23	21	19
17	27	13.41	27	28	26	24	22	20
18	28	13.45	28	29	27	25	23	21
19	29	13.49	29	0 ♑	28	26	24	21
20	0 ♉	13.53	0 ♏	1	29	27	25	22
21	1	13.57	1	2	0 ♑	28	26	23
22	2	14.01	2	3	1	29	26	24
23	3	14.05	3	4	2	0 ♑	27	25
24	3	14.09	4	5	3	1	28	26
25	4	14.13	5	6	4	1	29	26
26	5	14.17	6	7	5	2	0 ♑	27
27	6	14.21	7	8	6	3	1	28
28	7	14.25	8	9	7	4	2	29
29	8	14.29	9	10	8	5	3	0 ♑
30	9	14.33	10	11	9	6	4	1

MAI

1 Tag	2 Sonne ☉	3 Zeit	4 Himmelsmitte Mc	5 Aszendent 46°	48°	50°	52°	54°
1	10 ♉	14.36	11 ♏	12 ♑	9 ♑	7 ♑	5 ♑	2 ♑
2	11	14.40	12	13	10	8	6	3
3	12	14.44	13	14	11	9	7	4
4	13	14.48	14	15	13	10	8	5
5	14	14.52	15	16	14	11	9	6
6	15	14.56	16	17	15	12	10	7
7	16	15.00	17	18	16	13	11	8
8	17	15.04	18	19	17	14	12	9
9	18	15.08	19	20	18	16	13	10
10	19	15.12	20	21	19	17	14	11
11	20	15.16	21	23	20	18	15	12
12	21	15.20	22	24	22	19	16	13
13	22	15.24	23	25	23	20	17	14
14	23	15.28	24	26	24	22	19	15
15	24	15.32	25	28	25	23	20	17
16	25	15.36	26	29	27	24	21	18
17	26	15.40	27	0 ♒	28	25	22	19
18	27	15.44	28	1	29	27	24	20
19	28	15.48	29	3	1 ♒	28	25	22
20	29	15.52	0 ♐	4	2	29	26	23
21	0 ♊	15.56	1	6	3	1 ♒	28	24
22	1	16.00	2	7	5	2	29	26
23	2	16.04	3	8	6	4	1 ♒	27
24	3	16.08	3	10	8	5	2	29
25	3	16.12	4	11	9	7	4	0 ♒
26	4	16.16	5	13	11	8	5	2
27	5	16.20	6	14	12	10	7	3
28	6	16.24	7	16	14	11	8	5
29	7	16.28	8	17	15	13	10	7
30	8	16.32	9	19	17	15	12	8
31	9	16.36	10	21	19	16	14	10

1	2	3	4	5				
	Sonne		Himmelsmitte	Aszendent				
Tag	⊙	Zeit	Mc	46°	48°	50°	52°	54°
1	10 ♊	16.38	11 ♐	21 ♒	19 ♒	17 ♒	14 ♒	11 ♒
2	11	16.42	12	23	21	19	16	13
3	12	16.46	12	24	23	20	18	14
4	13	16.50	13	26	24	22	20	16
5	14	16.54	14	28	26	24	22	18
6	15	16.58	15	0 ♓	28	26	24	20
7	16	17.02	16	1	0 ♓	28	26	23
8	17	17.06	17	3	2	0 ♓	28	25
9	18	17.10	18	5	4	2	0 ♓	27
10	19	17.14	19	7	5	4	2	29
11	20	17.18	20	9	7	6	4	2 ♓
12	21	17.22	21	11	9	8	6	4
13	22	17.26	22	12	11	10	8	6
14	23	17.30	23	14	13	12	11	9
15	24	17.34	24	16	15	14	13	11
16	25	17.38	24	18	17	17	15	14
17	25	17.42	25	20	20	19	18	17
18	26	17.46	26	22	22	21	20	19
19	27	17.50	27	24	24	23	23	22
20	28	17.54	28	26	26	25	25	25
21	29	17.58	29	28	28	28	28	27
22	0 ♋	18.02	0 ♑	0 ♈	0 ♈	0 ♈	0 ♈	0 ♈
23	1	18.06	2	2	2	2	2	3
24	2	18.10	2	4	4	5	5	5
25	3	18.14	3	6	6	7	7	8
26	4	18.18	4	8	8	9	9	11
27	5	18.22	5	10	10	11	12	13
28	6	18.26	6	12	13	13	15	16
29	7	18.30	6	14	15	15	17	19
30	8	18.34	7	16	17	18	19	21

JULI

1 Tag	2 Sonne ☉	3 Zeit	4 Himmels- mitte Mc	5 Aszendent 46°	48°	50°	52°	54°
1	9 ♋	18.36	8 ♑	17 ♈	18 ♈	19 ♈	21 ♈	23 ♈
2	10	18.40	9	19	20	22	23	26
3	11	18.44	10	21	22	24	25	28
4	12	18.48	11	23	24	26	28	0 ♉
5	13	18.52	11	25	26	28	0 ♉	3
6	14	18.56	12	26	28	0 ♉	2	5
7	15	19.00	13	28	0 ♉	2	4	7
8	16	19.04	14	0 ♉	2	4	6	9
9	16	19.08	15	2	3	5	8	11
10	17	19.12	16	3	5	7	10	13
11	18	19.16	17	5	7	9	12	15
12	19	19.20	18	7	9	11	14	17
13	20	19.24	19	8	10	13	15	19
14	21	19.28	20	10	12	14	17	21
15	22	19.32	21	12	14	16	19	22
16	23	19.36	22	13	15	18	21	24
17	24	19.40	23	15	17	19	22	26
18	25	19.44	24	16	18	21	24	27
19	26	19.48	25	18	20	22	25	29
20	27	19.52	26	19	21	24	27	0 ♊
21	28	19.56	26	21	23	25	28	2
22	29	20.00	27	22	24	27	0 ♊	3
23	0 ♌	20.04	28	23	26	28	1	5
24	1	20.08	29	25	27	0 ♊	3	6
25	2	20.12	0 ♒	26	28	1	4	7
26	3	20.16	1	28	0 ♊	2	5	9
27	4	20.20	2	29	1	4	7	10
28	5	20.24	3	0 ♊	2	5	8	11
29	6	20.28	4	1	4	6	9	12
30	7	20.32	5	3	5	7	10	14
31	7	20.36	6	4	6	9	12	15

AUGUST

1 Tag	2 Sonne ⊙	3 Zeit	4 Himmels-mitte Mc	5 Aszendent 46°	48°	50°	52°	54°
1	8 ♌	20.38	7 ♒	4 ♊	7 ♊	9 ♊	12 ♊	15 ♊
2	9	20.42	8	6	8	10	13	16
3	10	20.46	9	7	9	12	14	17
4	11	20.50	10	8	10	13	16	18
5	12	20.54	11	9	11	14	17	19
6	13	20.58	12	10	13	15	18	20
7	14	21.02	13	11	14	16	19	21
8	15	21.06	14	13	15	17	20	22
9	16	21.10	15	14	16	18	21	23
10	17	21.14	16	15	17	19	22	24
11	18	21.18	17	16	18	20	23	25
12	19	21.22	18	17	19	21	24	26
13	20	21.26	19	18	20	22	25	27
14	21	21.30	20	19	21	23	26	28
15	22	21.34	21	20	22	24	27	29
16	23	21.38	22	21	23	25	28	0 ♋
17	24	21.42	23	22	24	26	29	1
18	25	21.46	24	23	25	27	0 ♋	2
19	26	21.50	25	24	26	28	1	3
20	27	21.54	26	25	27	29	2	4
21	28	21.58	27	26	28	0 ♋	2	5
22	29	22.02	28	27	29	1	3	6
23	0 ♍	22.06	29	28	0 ♋	2	4	7
24	1	22.10	0 ♓	29	1	3	5	8
25	1	22.14	1	0 ♋	2	4	6	8
26	2	22.18	2	1	3	5	7	9
27	3	22.22	3	2	3	5	8	10
28	4	22.26	4	2	4	6	8	11
29	5	22.30	5	3	5	7	9	12
30	6	22.34	6	4	6	8	10	12
31	7	22.38	7	5	7	9	11	13

1 Tag	2 Sonne ☉	3 Zeit	4 Himmelsmitte Mc	5 Aszendent 46°	48°	50°	52°	54°
1	8 ♍	22.40	8 ♓	5 ♋	7 ♋	9 ♋	11 ♋	13 ♋
2	9	22.44	9	6	8	10	12	14
3	10	22.48	10	7	9	11	13	15
4	11	22.52	11	8	10	12	14	16
5	12	22.56	12	9	11	12	14	17
6	13	23.00	13	10	11	13	15	17
7	14	23.04	14	11	12	14	16	18
8	15	23.08	15	11	13	15	17	19
9	16	23.12	16	12	14	16	18	20
10	17	23.16	18	13	15	16	18	20
11	18	23.20	19	14	16	17	19	21
12	19	23.24	20	15	16	18	20	22
13	20	23.28	21	16	17	19	21	22
14	21	23.32	22	16	18	20	21	23
15	22	23.36	23	17	19	20	22	24
16	23	23.40	24	18	19	21	23	25
17	24	23.44	25	19	20	22	24	25
18	25	23.48	26	20	21	23	24	26
19	26	23.52	27	20	22	23	25	27
20	27	23.56	28	21	23	24	26	27
21	28	24.00	0 ♈	22	23	25	26	28
22	29	0.04	1	23	24	26	27	29
23	0 ♎	0.08	2	23	25	26	28	0 ♌
24	1	0.12	3	24	26	27	29	0
25	2	0.16	4	25	26	28	29	1
26	3	0.20	5	26	27	29	0 ♌	2
27	4	0.24	6	27	28	29	1	2
28	5	0.28	7	27	29	0 ♌	2	3
29	6	0.32	8	28	29	1	2	4
30	7	0.36	9	29	0 ♌	2	3	4

OKTOBER

1 Tag	2 Sonne ☉	3 Zeit	4 Himmels- mitte Mc	5 Aszendent 46°	48°	50°	52°	54°
1	7 ♎	0.38	10 ♈	29 ♋	1 ♌	2 ♌	3 ♌	5 ♌
2	8	0.42	11	0 ♌	1	3	4	6
3	9	0.46	12	1	2	3	5	6
4	10	0.50	13	2	3	4	6	7
5	11	0.54	14	2	4	5	6	8
6	12	0.58	15	3	4	6	7	8
7	13	1.02	16	4	5	6	8	9
8	14	1.06	17	5	6	7	8	10
9	15	1.10	18	5	7	8	9	10
10	16	1.14	20	6	7	9	10	11
11	17	1.18	21	7	8	9	11	12
12	18	1.22	22	8	9	10	11	13
13	19	1.26	23	8	10	11	12	13
14	20	1.30	24	9	10	11	13	14
15	21	1.34	25	10	11	12	13	15
16	22	1.38	26	11	12	13	14	15
17	23	1.42	27	11	12	14	15	16
18	24	1.46	28	12	13	14	15	17
19	25	1.50	29	13	14	15	16	17
20	26	1.54	0 ♉	14	15	16	17	18
21	27	1.58	1	14	15	16	17	19
22	28	2.02	2	15	16	17	18	19
23	29	2.06	3	16	17	18	19	20
24	0 ♏	2.10	4	17	18	19	20	21
25	1	2.14	5	17	18	19	20	21
26	2	2.18	6	18	19	20	21	22
27	3	2.22	7	19	20	21	22	23
28	4	2.26	8	20	20	21	22	23
29	5	2.30	9	20	21	22	23	24
30	6	2.34	10	21	22	23	24	25
31	7	2.38	11	22	23	24	24	25

NOVEMBER

1 Tag	2 Sonne ☉	3 Zeit	4 Himmels- mitte Mc	5 Aszendent 46°	48°	50°	52°	54°
1	8 ♏	2.40	12 ♉	22 ♌	23 ♌	24 ♌	25 ♌	26 ♌
2	9	2.44	13	23	24	24	25	26
3	10	2.48	14	24	24	25	26	27
4	11	2.52	15	24	25	26	27	28
5	12	2.56	16	25	26	27	27	28
6	13	3.00	17	26	27	27	28	29
7	14	3.04	18	27	27	28	29	0 ♍
8	15	3.08	19	27	28	29	29	0
9	16	3.12	20	28	29	29	0 ♍	1
10	17	3.16	21	29	29	0 ♍	1	2
11	18	3.20	22	0 ♍	0 ♍	1	2	2
12	19	3.24	23	0	1	2	2	3
13	20	3.28	24	1	2	2	3	4
14	21	3.32	25	2	2	3	4	4
15	22	3.36	26	3	3	4	4	5
16	23	3.40	27	3	4	4	5	6
17	24	3.44	28	4	5	5	6	6
18	25	3.48	29	5	5	6	6	7
19	26	3.52	0 ♊	5	6	7	7	8
20	27	3.56	1	6	7	7	8	8
21	28	4.00	2	7	7	8	9	9
22	29	4.04	3	8	8	9	9	10
23	0 ♐	4.08	3	8	9	9	10	10
24	1	4.12	4	9	10	10	11	11
25	2	4.16	5	10	10	11	11	12
26	3	4.20	6	11	11	12	12	12
27	4	4.24	7	11	12	12	13	13
28	5	4.28	8	12	13	13	13	14
29	6	4.32	9	13	13	14	14	15
30	7	4.36	10	14	14	14	15	15

DEZEMBER

1 Tag	2 Sonne ⊙	3 Zeit	4 Himmels- mitte Mc	5 Aszendent 46°	 48°	 50°	 52°	 54°
1	8 ♐	4.38	11 ♊	14 ♍	15 ♍	15 ♍	15 ♍	16 ♍
2	9	4.42	12	15	15	16	16	16
3	10	4.46	12	16	16	16	17	17
4	11	4.50	13	16	17	17	17	18
5	13	4.54	14	17	18	18	18	18
6	14	4.58	15	18	18	19	19	19
7	15	5.02	16	19	19	19	19	20
8	16	5.06	17	19	20	20	20	20
9	17	5.10	18	20	20	21	21	21
10	18	5.14	19	21	21	21	22	22
11	19	5.18	20	22	22	22	22	22
12	20	5.22	21	22	23	23	23	23
13	21	5.26	22	23	23	24	24	24
14	22	5.30	23	24	24	24	24	25
15	23	5.34	24	25	25	25	25	25
16	24	5.38	24	25	26	26	26	26
17	25	5.42	25	26	26	26	26	27
18	26	5.46	26	27	27	27	27	27
19	27	5.50	27	28	28	28	28	28
20	28	5.54	28	28	29	29	29	29
21	29	5.58	29	29	29	29	29	29
22	0 ♑	6.02	1 ♋	1 ♎	1 ♎	1 ♎	1 ♎	1 ♎
23	1	6.06	1	1	1	1	1	1
24	2	6.10	2	2	1	1	1	1
25	3	6.14	3	2	2	2	2	2
26	4	6.18	4	3	3	3	3	3
27	5	6.22	5	4	4	4	4	3
28	6	6.26	6	5	4	4	4	4
29	7	6.30	6	5	5	5	5	5
30	8	6.34	7	6	6	6	6	5
31	9	6.38	8	7	7	6	6	6

STÄDTETAFEL

Stadt	Breiten-grad	Minuten	Stadt	Breiten-grad	Minuten
Aachen	50	−36	Heidelberg	50	−25
Amsterdam	52	−40	Helgoland	54	−28
Augsburg	48	−16	Hildesheim	52	−20
Baden-Baden	48	−27	Hof	50	−12
Basel	48	−30	Husum	54	−28
Berlin	52	− 6	Iglau	50	+ 2
Bern	46	−30	Ingolstadt	48	−14
Bielefeld	52	−26	Innsbruck	48	−14
Bochum	52	−31	Kaiserslautern	50	−29
Bonn	50	−32	Karlsruhe	50	−26
Bozen	46	−15	Kassel	52	−22
Braunschweig	52	−18	Kiel	54	−19
Bregenz	48	−20	Klagenfurt	46	− 3
Bremen	54	−24	Köln	50	−33
Breslau	52	+ 8	Königsberg	54	+22
Brünn	50	+ 6	Leipzig	52	−10
Brüssel	50	−43	Linz	48	− 3
Budapest	48	+16	London	52	−60
Danzig	54	+14	Luxemburg	50	−35
Dortmund	52	−30	Magdeburg	52	−13
Dresden	52	− 5	Mainz	50	−27
Düsseldorf	52	−33	München	48	−14
Emden	54	−31	Münster	52	−29
Erfurt	50	−16	Nürnberg	50	−16
Essen	52	−32	Oberhausen	52	−33
Frankfurt/M.	50	−25	Oberstdorf	48	−19
Frankfurt/O.	52	− 2	Oldenburg	54	−27
Freiburg	48	−29	Osnabrück	52	−28
Fulda	50	−21	Paderborn	52	−25
Genf	46	−35	Paris	48	−51
Gießen	50	−25	Passau	48	− 6
Görlitz	52	——	Prag	50	− 2
Göttingen	52	−20	Regensburg	50	−12
Graz	48	+ 2	Rostock	54	−11
Hamburg	54	−20	Saarbrücken	50	−32
Hannover	52	−21	Salzburg	48	− 8

Stadt	Breitengrad	Minuten	Stadt	Breitengrad	Minuten
Straßburg	48	−29	Weimar	50	−15
Stuttgart	48	−23	Wien	48	+ 6
Trier	50	−33	Wiesbaden	50	−27
Triest	46	− 5	Würzburg	50	−20
Ulm	48	−20	Zagreb	46	+ 4
Vaduz	48	−22	Zürich	48	−26
Warschau	52	+24			

SOMMERZEITEN

DEUTSCHLAND

1916	vom 30.4. 23 h bis 1.10. 1 h
1917	vom 16.4. 2 h bis 17.9. 3 h
1918	vom 15.4. 2 h bis 16.9. 3 h
1940	vom 1.4. 2 h durchgehend
1941	durchgehend
1942	durchgehend bis 2.11. 3 h
1943	vom 29.3. 2 h bis 4.10. 3 h
1944	vom 3.4. 2 h bis 2.10. 3 h
1945	vom 2.4. 2 h bis 16.9. 2 h

Berlin und sowjetisch besetzte Zone

1945	vom 24.5. 2 h bis 24.9. 3 h sind 2 Stunden abzuziehen (In vielen Orten wurde diese Anordnung nicht befolgt)
1945	vom 24.9. 3 h bis 18.11.

1946	vom 14.4. 2 h bis 7.10. 3 h
1947	vom 6.4. 3 h
	ab 11.5. 3 h
	ab 29.6. 3 h bis 5.10. 3 h sind 2 Stunden abzuziehen
1948	vom 18.4. 2 h
	bis 3.10. 3 h
1949	vom 10.4. 2 h
	bis 2.10. 3 h
1981	vom 29.3. 2 h bis 27.9. 2 h
1982	vom 28.3. 2 h bis 26.9. 2 h
1983	vom 27.3. 2 h bis 25.9. 2 h

ÖSTERREICH

1916	vom 30.4. 23 h bis 1.10. 1 h
1917	vom 16.4. 3 h bis 17.9. 3 h
1918	vom 15.4. 3 h bis 16.9. 3 h
1919	vom 28.4. 2 h bis 29.9. 3 h
1920	vom 5.4. 2 h bis 13.9. 3 h
1940	vom 1.4. 2 h durchgehend
1941	durchgehend

1942	durchgehend bis 2.11. 3 h
1943	vom 29.3. 2 h bis 4.10. 3 h
1944	vom 3.4. 2 h bis 2.10. 3 h
1945	vom 2.4. 2 h bis zum Einmarsch der russischen Truppen (in Wien 11.4.), spätestens aber bis 23.4.
1946	vom 14.4. 2 h bis 7.10. 3 h
1947	vom 6.4. 3 h bis 5.10. 3 h
1948	vom 18.4. 2 h bis 3.10. 3 h
1981	vom 29.3. 2 h bis 27.9. 2 h
1982	vom 28.3. 2 h bis 26.9. 2 h
1983	vom 27.3. 2 h bis 25.9. 2 h

SCHWEIZ

1941	vom 5.5. bis 6.10.
1942	vom 4.5. bis 5.10.
1981	vom 29.3. 2 h bis 27.9. 2 h
1982	vom 28.3. 2 h bis 26.9. 2 h
1983	vom 27.3. 2 h bis 25.9. 2 h